Hans A. Jenny
Basler Originale

Friedrich Reinhardt Verlag Basel

Gestaltung: Claude Borer, Basel

Die Deutsche Bibliothek – CIP-Einheitsaufnahme

Jenny, Hans A.:
Basler Originale / Hans A. Jenny. – Basel :
F. Reinhardt, 1996
ISBN 3-7245-0923-5

Alle Rechte vorbehalten
©1996 by Friedrich Reinhardt Verlag Basel
Printed in Switzerland by Reinhardt Druck Basel
ISBN 3–7245–0923–5

Für Marie-Louise

Inhalt

Vorwort
Schräge Vögel und witzige Prominenzen — 9

Johann Rudolf Geigy
Stammvater der «Novartis» — 12

Gustav IV. Adolf
Schwedenkönig und Basler Bürger — 20

«'s Banane-Anni»
Spaghetti für Mussolini — 28

Gustav von Bunge
«Der Drachentöter aus dem hohen Norden» — 30

Emil Beurmann
Bohemien und Belami — 38

«König Parzival»
Der Esperanto-Morse-Lehrer — 46

Fred Spillmann
Der Paradiesvogel — 50

Hermann Christ-Socin
Der Vielseitige — 58

Der Aenishänsli
«De bisch e scheeni Milch!» — 66

Rudolf Robert Boehlen
«Der Meister des Todes» — 70

«'s Fotzeldorli»
   Erstaunliche «alti Dante»   76
Johann Jakob Speiser
   Der Gründervater   78
Anna Maurer-Syfrig
   «'s Zyttigsanni»   86
Doktor Adam David
   «Adi, der Afrikaner»   90
Ruedi Walter
   «E Ma mit Härz, e Ma mit Pfiff»   96
Theophil Gubler
   Sportler und Sparer   106
William Burkhard
   Nobelpreis-«Kandidat»   108
Josef Emter
   Der Mann mit den steinernen Muskeln   116
Wibrandis Rosenblatt
   Eine Frau und vier Männer   118
Wilhelm Basel
   Auch ein Basler Original   128
Alfred Rasser
   HD-Soldat Läppli und die Politik   130
Füsilier Eberer
   und seine beiden Gesichter   142
Christian Friedrich Schönbein
   Der Ozon-Bestimmer   144
Schwester Stella
   Ein Kloster für die Solo-Nonne   152
Wilhelm Wackernagel
   Von Scherz zu Scherz   154

Quellen   162

Vorwort
Schräge Vögel und witzige Prominenzen

Über Originale an und für sich – und ganz besonders über Basler Originale – lässt sich fröhlich streiten...

Wie «schräg», wie kurios, wie verschroben, wie speziell muss ein Mensch sein, um sich diese Qualifikation zu verdienen? Genügt eine gewisse äusserliche Exzentrizität in Gestus und Habitus, reichen witzige Sprüche und ein verqueres Verhalten in der Öffentlichkeit, um ein Individuum in die Kategorie bemerkenswerter Aparitäten einzureihen?

Aus meinen bisherigen publizistischen Erfahrungen mit Sonderlingen («Schweizer Originale», Band 1–3, «Baselbieter Originale») resultierten rein persönliche Kriterien, wie das Profil dieser merkwürdigen Gestalten beschaffen sein soll:

Trotz allem liebenswürdigen Reiz der «Originale aus der sozialen Grundschicht» (wie sie uns Eugen A. Meier in «Das andere Basel» vorstellte) drängten sich für unsere Selektion eher prominente, kulturgeschichtlich bedeutende Figuren auf, die aber witzig-pfiffige Charakter-Komponenten aufweisen.

Ausserordentliche Talente, wenn immer möglich nicht nur in einem einzigen Fachgebiet, gepaart mit beharrlichem Eifer, unermüdlichem Fleiss und biografischen Umständen, die zu einem faszinierenden Schicksal beitragen – solche Ingredienzen ergeben einen Originalitätsbegriff, der meines Erachtens eine Ergänzung und Erweiterung der sozusagen «klassischen» Spezies bedeutet.

Die mit Humor und Gelassenheit ihr Schicksal meisternden skurrilen Pfründer, Sandmännchen und Sandweibchen, Heuwoogschangi, Scherenschleifer und Örgelimänner bilden eine besondere soziologische Kategorie von Stadtoriginalen. Im Vorwort zu «Das andere Basel» hat Edmund Wyss sie präzis identifiziert als «Mitmenschen, denen die Natur missgünstig war und die sie mit geistigen und körperlichen Mängeln, den grundsätzlichen Eigenarten der Originale im alten Basel, behaftete. Diese zahllosen ‹verschrobene Kaibe›, die einst unser Stadtbild fröhlich färbten, sind heute entweder vollständig verschwunden oder in der Isolation stecken geblieben.» Im vorliegenden Band geht es mir nicht darum, dieser üblichen, durchaus gültigen und vertrauten Originalitäts-Definition einen sozusagen höherrangigen Begriff überzuordnen.

Es wird jedoch, so hoffen Verlag und Autor, ein faszinierendes Lese-Abenteuer werden, auch im Spektrum verdienter und renommierter Wissenschafts-, Kultur- und Handels-Koryphäen nach jener typischen baslerischen Eigenart zu forschen, die noch unter dem Mantel der Diskretion und der Bescheidenheit Herzenswärme und Lebensfreude ahnen lässt.

Vielleicht freuen sich auch Leser/innen aus dem Kreise jener Gäste, die ich bei meinen «pietätvollen Promenaden» zu den Prominentengräbern des Wolfgottesackers führen darf, in diesem Buche etlichen gebürtigen und auch «zugereisten» Baslern zu begegnen, deren letzte Ruhestätten «en passant» gewürdigt werden.

Logischerweise drängt sich auch für diese fünfte «Originale»-Präsentation wieder der gleiche entschuldigende Hinweis auf wie für die früheren Bände:

Selbstverständlich kann von einer allumfassenden Gesamt-Revue quirliger Basler/innen keine Rede sein. Wir können lediglich eine (zugegeben) subjektive Auswahl an «Basler Originalen» unterbreiten und darauf hoffen, dass die verehrliche Leserschaft daran Gefallen finden möge.

Zusätzlich zu den bereits in den «Schweizer Originalen» vorgestellten Basler Sonderlingen (deren kurze Lebensbilder wir in dieser spezifischen Lokal-Ausgabe mit reichhaltigem Bildmaterial ergänzen) präsentieren wir ein rundes Dutzend bisher noch nicht publizierte Porträts, so dass ich auch den bisherigen treuen Leserinnen und Lesern meiner helvetischen Charakterstudien viel Neues bieten kann.

Es verbleibt dem Autor noch die lebhafte Freude, all jenen gütigen Helferinnen und Helfern von Herzen zu danken, die durch ihre Anregungen und Hinweise, durch freundliches Verständnis und ermunternde Kritik zum Gelingen dieses Werkes beigetragen haben.

Johann Rudolf Geigy
Stammvater der «Novartis»

Am Münsterberg, dort, wo heute der Lieferanteneingang des Modehauses «Pfauen» zu finden ist, stand früher der «Lichtenfelser Hof». In dieser renommierten Altbasler Behausung kam Johann Rudolf Geigy am 4. März 1830 zur Welt. Nach dem frühen Tod seiner Mutter wurde der Jüngling in den Instituten des zwar originellen, aber eher rauhen («stockstarken») Pädagogen Bouterweck in Wabern bei Bern und in Elberfeld erzogen.

Einer Lehre im väterlichen «Materialwarengeschäft» (wo der junge Kaufmann «drogenkundig» – im alten Sinne des Wortes – wurde und Krapp und Indigo, die beiden wichtigsten Farbstoffe der «vorsynthetischen Zeit», kennenlernte) folgten fünf lange Jahre Wanderschaft. Damals war es üblich, dass sich die jungen Männer noch, wie man so sagte, «die Hörner abstossen» sollten, bevor sie in der Vaterstadt brav und bieder heirateten. Bordeaux, Nantes, Paris, London, Indien und Ägypten vermittelten Johann Rudolf Geigy internationale Handelserfahrungen. Das Reisen war noch sehr beschwerlich: Schlecht gefederte Postkutschen, russige, rauchende Dampfschiffe und dito Eisenbahnen – von Jets und Fax und Computer keine Spur. Auch die schweren Musterkoffer mussten vom «Agenten» selber geschleppt werden, sobald er den engen Rayon der hauseigenen Pferdegespanne überschritt.

Johann Rudolf Geigy-Merian, der Hauptpionier der Chemischen Industrie in Basel – sozusagen der Stammvater der heutigen «Novartis».

Geigys Vater führte nicht nur sein Unternehmen (mit 43 Vertretungen in Mittel- und Westeuropa), er wurde auch durch seine Amtspflichten als Ratsherr und sein grosses Engagement für die Schweizerische Centralbahn in Anspruch genommen. Unter diesen Umständen sah er sich genötigt, seinem glänzend begabten und mit einem soliden Rüstzeug ausgestatteten Sohn die Geschäftsleitung zu übertragen.

J.R. Geigy – seit 1855 mit Marie Merian verheiratet – redimensionierte und expandierte den Betrieb zugleich: Der Handel mit Drogerieprodukten und Pharmazeutika wurde zwar einer befreundeten Firma überlassen – mit den Farbstoffen Mauvein und Fuchsin als Anfangsschlager, später ergänzt durch Anilinschwarz, Anilinblau, Aldehydgrün, Methylblau und Methylviolett, erweiterte sich jedoch der Kundenkreis über die Basler Seidenfärbereien und die Lörracher und Mühlhauser Indiennedruckereien hinaus so rasant, dass Geigy bald einmal Vertretungen in Lyon, Paris, London, in Karawajefka bei Moskau, in New York und Bombay eröffnen konnte.

«Die ungewöhnliche Leuchtkraft der künstlichen Farbstoffe bedeutete eine Sensation. Die Textilindustriellen rissen sich um jeden neuen Farbton und boten Phantasiepreise.» Für das Kilo Anilin bezahlte man damals bis zu 2000 Franken!

Die «Geigyaner» waren begeistert über die eigenen Produkte und schwärmten von einem «wunderbar schönen Blau», vom «wundervollen, grünstichigen Diphenylaminblau» und den «prachtvollen Resorcin-Farbstoffen».

Jean-François Bergier schreibt in seiner schweizerischen Wirtschaftsgeschichte:

«Die grossen deutschen Konzerne stellten noch vor Ende des 19. Jahrhunderts die gesamte europäische Chemie in den Schatten. Basel allein hielt ihnen stand…»

Um 1860 war es sogar «Basel», das der deutschen Chemie Impulse gab: Als erster Geigy-Repräsentant in

An der Wiener Weltausstellung von 1873 im Prater (sie endete mit einem grossen Börsenkrach) wurde Johann Rudolf Geigy von der Internationalen Jury die höchste Auszeichnung, das Ehrendiplom, verliehen. Interessant sind die symbolischen Figuren auf dieser Urkunde:
Unten links «Orient», unten rechts «Occident» und in der Mitte die beiden Putti mit der Devise von Kaiser Franz Josef und Kaiserin Elisabeth: «Viribus unitis» – ein Motto, das auch «J.R.G.» stets beherzigte.

Elberfeld wirkte zum Beispiel jener Friedrich Bayer, der später ein eigenes Farbenfabriken-Imperium gründete.

Zur Propagierung eines neuentwickelten Textilfarbstoffs wurden manchmal auch diplomatisch-diskrete Nebenwege nicht verschmäht:

«Wir hatten», erzählt Geigy, «in Lyon kostbare Stoffe mit unserem eben entwickelten Nachtgrün einfärben lassen, und unser Agent legte sie dem Hofmarschall Baciocchi in Paris vor, der sie der Kaiserin Eugénie zum Geschenk anbot. Die Kaiserin fand die Stoffe reizend, durfte jedoch aus Staatsräson keine Präsente annehmen. Der gewandte Hofmarschall schrieb jedoch unserem Agenten: ‹Soyez sans crainte, je ferai danser la princesse Metternich (die Gattin des österreichischen Botschafters am Hofe Napoleons III.) dans ces étoffes…› – und in der Tat, das Vert de nuit von Basel machte am nächsten Hofball grossen Effekt!»

Bald trugen die Damen der Gesellschaft und reiche Engländerinnen, die in Paris ihre Garderobe ergänzten, das Basler Grün. Auch prächtige Ballette wurden in der neuen Modefarbe ausgestattet.

Hatte man sich im Kleinbasel noch um 1863 über den «pestilenzialischen Geruch» der «Chemie» beklagt und auch die allzu ungenierte «Nutzung» des Riehenteiches als Abwasserkanal bemängelt, so sorgte Geigy bald einmal für musterhafte hygienische Einrichtungen in seinen Werkhallen.

Nach einem Arsenik-Prozess (Kleinbasler Anwohner des Riehenteiches hatten über Vergiftungserscheinungen geklagt) wurden die Fabrikherren dazu angehalten, ihre industriellen Abwässer nicht mehr in den Teich, sondern direkt durch Metallrohre in der Mitte des Rheines in die Stromtiefe zu leiten. Eine Zeitlang noch liess Geigy von der Mittleren Brücke aus nächtlicherweile Fässer mit eingedickten Arsen-Rückständen in den Fluss kippen. Er besann sich aber schnell eines Besseren und zog seine Lehren aus dem Skandal.

1887 liess J.R.G. billige Wohnungen für seine Arbeiter bauen, 1890 zahlte das Unternehmen jedem älteren Angestellten eine Ferienwoche. Geigy lobte auch die englischen Gewerkschaften und erhoffte sich auch für die Schweiz solche Arbeiter-«Friedensorganisationen».

Seine politisch-liberalen Ansichten vertrat der Früh-Industrielle bereits 1871 in einer eigenen Zeitung, der «Schweizer Grenzpost», einem Organ des «Juste milieu», die auch vom späteren Nobelpreisträger für Literatur, dem Baselbieter Dichter Carl Spitteler, mitredigiert wurde.

Es ging das Gerücht, dass Geigy gelegentlich unter einem Pseudonym kritische Bemerkungen zu Ansichten, die er offiziell unter seinem Namen publizierte, erscheinen liess, um so selbst die Richtung der Diskussion über ein aktuelles politisches Problem zu bestimmen und die oppositionellen Meinungen zu kanalisieren. Der Mann mit der «imponierenden Führerstellung im schweizerischen Wirtschaftsleben» bewältigte auch in seinen acht Amtsjahren als Nationalrat ein erstaunliches Arbeitspensum und zeigte viel diplomatisches Geschick:

In der Alkoholfrage berief Geigy die Kommission des Nationalrates nach Basel. Als Gastgeber hatte er ein bis in alle Details gehendes Programm aufgestellt, das nicht nur Sitzungen umfasste, sondern auch gesellige Anlässe, Theater und Konzerte. Durch eine äusserlich zwanglose und gediegen-vornehme Atmosphäre schuf er sich Raum zur persönlichen Propaganda, wobei er klugerweise auch den Präsidenten der ständerätlichen Kommission zu einem der festlichen Anlässe einlud. Geigys Variante der Alkoholmonopol-Gesetzgebung wurde denn auch prompt im Juni 1887 in Kraft gesetzt.

Beim Problemkreis der staatlichen Notenbank hatte der Basler mit seiner Idee einer Zentralbank (der heutigen Schweizerischen Nationalbank) gleichfalls Erfolg. Im Auftrage des Bundesrates liess J.R. Geigy schliesslich seine Beziehungen spielen, als die Eidgenossenschaft neue Handelsverträge mit Frankreich, Deutschland und Italien abschloss.

Kein Wunder, dass dem erfolgreichen Fabrikanten und Vermittler vom Bundesrate die Gesandtenposten in Paris und Wien angetragen wurden – Angebote, die Geigy jedoch mit dem Hinweis auf die Verantwortung für sein Unternehmen ablehnte.

Bereits 1864 war er in den Basler Grossen Rat gewählt worden. «Er handelte nicht als Exponent einer Partei, kompromittierte sich deshalb auch nicht durch Parteistrategie und Parteihader. Er fühlte sich als Beauftragter eines noch relativ intakten Stadtstaates, in dessen Rat und Regierung vorwiegend ‹Männer des Vertrauens› gewählt worden sind.»

Geigy-Merian wurde von Zeitgenossen als «regelmässig in der Arbeit, ein ausgeglichener Charakter, solid in der Lebensführung, kritisch überlegend und besonnen handelnd» geschildert. «Christ und Welt» lobte ihn noch 1953 als «Archetypus des Handelsherrn des 19. Jahrhunderts».

Warum ist J.R.G. ein Basler Original? Weil seine fachliche, industrielle, handelspolitische, baslerische, schweizerische und europäische Kompetenz so vielseitig war, dass die Resonanz seines Wirkens, seiner Arbeitslust und seines modernen, innovativen Denkens im baslerischen Bereich nur noch mit Johann Jakob Speiser verglichen werden kann.

J.R. Geigy-Merian gehörte übrigens mit ihm, Speiser, zu den Gründern der Basler Handelsbank; die Basler Handelskammer ernannte Geigy zum Ehrenpräsidenten; die philosophische Fakultät der Universität Basel verlieh dem Verwaltungsrat der Gotthardbahn, der Schweizerischen Centralbahn und von einem guten Dutzend weiterer Unternehmen wegen seiner Verdienste um die Farbchemie 1910 den Ehrendoktor.

Er war dabei, wenn in Basel Industrieausstellungen (sie waren eigentliche Mustermesse-Vorläufer) durchgeführt wurden (1877 und 1901), er sass im Zivil- und Appellationsgericht und gehörte 40 Jahre lang der evangelischen Synode an.

Geigy-Merian war aber auch ein Grandseigneur, der in «Klein-Riehen», umgeben von der gediegenen Ambiance seiner schlossartigen Villa und des vom französischen Gartenarchitekten Masson mit fürstlichen «Parterres» gezierten Parkes regelrecht Hof hielt.

Als würdiger Patriarch inmitten seines grossen Familienkreises genoss J.R.G. seinen Lebensabend, bis ihn, genau vier Wochen vor seinem 87. Geburtstag, am 17. Februar 1917, der Tod aus seinem erfolgreichen und glücklichen Dasein abrief.

Die Kreuz- und Querverbindungen der Basler Chemie-Unternehmen sind nicht erst in unserer Gegenwart manifest geworden. J.R. Geigy-Merians zentrale Stellung in diesem primären Erwerbszweig unserer Stadt lässt klar belegen, dass auch die CIBA, Sandoz, Durand & Huguenin und die Chemische Fabrik Schweizerhalle vom initiativen Geist und der zielstrebigen Beharrlichkeit des erstrangigen Pioniers profitiert haben. Ohne das Wirken dieses «Stammvaters der Novartis» wäre Basel wohl industrielle Provinz geblieben.

Johann Rudolf Geigy (1830–1917) und seine Gattin Marie, geborene Merian (1837–1912) residierten hochherrschaftlich gediegen in «Klein-Riehen», dem heutigen «Bäumlihof», teils auf Riehener, teils auf Basler Stadtboden. Diese Villa im französischen Châteaustil wurde 1879 durch den renommierten Basler Architekten Johann Jacob Stehlin erbaut, 1951 jedoch leider abgerissen.

Gustav IV. Adolf
Schwedenkönig und Basler Bürger

Er war der Sohn von Gustav III. Adolf, jenem schwedischen Monarchen, der 1792 auf einem Maskenball ermordet wurde. Über dieses Ereignis komponierten dann Verdi und Auber Opern…

Nach verschiedenen Brautaffären profilierte sich der 1778 geborene Gustav IV. durch seinen Hass auf Napoleon, in dem er den Antichristen der Offenbarung erblickte. Sich selber sah er, mystisch animiert durch die Schriften Swedenborgs und Jung-Stillings, als den «Gewaltigen auf dem weissen Pferde», der dazu berufen sei, das Ungeheuer in den feurigen Pfuhl zu stürzen. Mit einer unrealistischen Zickzackpolitik verscherzte sich der Revolutionsgegner auch die Sympathien Gleichgesinnter. Auf dem Neujahrsball 1809 tanzten seine Majestät und das Gefolge allein. Der schwedische Adel boykottierte das Fest. Als der König dann in den Kriegen gegen Dänemark und Russland gravierende Fehler beging, kam es im März 1809 zum Aufstand und zur Absetzung des Herrschers. Gustav IV. ging sofort wortlos auf sein Zimmer, zog die Militäruniform aus, warf die Orden auf den Boden und verliess Schweden in Zivilkleidern. Nach einer Zwischenregentschaft übernahm der napoleonische Marschall Bernadotte mit seiner Désirée den Thron.

Gustav IV., der letzte Schwedenkönig aus dem Hause Wasa, promenierte um 1805 noch zufrieden mit seiner Gattin Hedwig Elisabeth Charlotte im Park von Schloss Haga bei Stockholm. Hier tanzte noch der legendäre Gaetano Vestris...

Der grosse Gustav II. Adolf fiel im Dreissigjährigen Krieg in der Schlacht bei Lützen, Gustav III. Adolf wurde auf einem Maskenball ermordet, und die Herrschaft Gustav IV. Adolf endete mit einem Staatsstreich im März 1809.
Im kühlen Norden ging es in der Dynastie der Wasa oft heiss zu. Der spätere Basler Bürger zog zwar noch seinen Degen, um sich gegen die Verschwörer zu verteidigen, wurde jedoch entwaffnet, bevor er seine Garde zu Hilfe rufen konnte.

Gustav IV. trennte sich von seiner Gattin – sie zog nach Karlsruhe und er via London nach Basel. Hier wurde er unter verschiedenen Namen zum Schweizer Original. Abwechslungsweise nannte er sich «Oberst Gustafsson», «Graf Gottorp» und «Herzog von Holstein-Eutin». Bei einer ersten Visite in der Rheinstadt im Jahre 1810 bewohnte der entthronte Monarch ein von ihm als «Kajüte» bezeichnetes Zimmer über dem damals noch als Kloake dienenden stinkenden Birsig, in welchem von den Basler «Herrschaften» (zur Klärung der Besitzverhältnisse) in allen Farben kolorierte Schweine und Hühner sich am Unrat gütlich taten. Der Exkönig regalierte im «Storchen» am Fischmarkt die Basler mit Champagner, spazierte mit seinem Hausarzt Dr. Siegmund zur Jagd auf den Tüllingerhügel, spielte im Hotel zu den drei Königen Domino, protegierte den falschen ägyptischen Prinzen und talentierten Hochstapler Achmed Soliman und wollte den «Kirschgarten» (heute Museum) erwerben, verschwand dann aber plötzlich wieder. Erst 1818 kam er zum zweiten Mal nach Basel. Jetzt kaufte er für 12 000 Franken das Haus St. Johanns-Vorstadt 72, das heute mit einer Gedenktafel versehen ist. Im gleichen Jahre wurde der letzte Wasa-Regent für 1500 Franken

Basler Bürger, nachdem er feierlich vor versammeltem Rat auf alle Vorrechte von Geburt und Stand verzichtet hatte. Aber Gustav IV. fand keinen bürgerlichen Frieden. Der Fürst Karl Konstantin von Hessen-Rotenburg, der sich damals auch in Basel aufhielt, ärgerte den «Schweden», wo er ihn antraf, indem er ihm stets eine rote phrygische Mütze, das Zeichen der Revolutionäre, zeigte. Schulkinder banden Münzen an einen Faden und foppten den König: Sie zogen das Geldstück schnell zurück, sobald der Kurzsichtige danach greifen wollte.

Bei Notar Fäsch bediente den Exkönig der Angestellte Matzinger so zuvorkommend, dass ihm Oberst Gustafsson ein Geschenk anbot. Matzinger zierte sich. Da hielt ihm der «Schwede» mit der linken Hand das Päckchen hin und drohte mit der zum Schlag erhobenen Rechten: «Wollen Sie's nehmen oder nicht!?»

Ein Basler Schuster sollte dem Grafen Gottorp seine Stiefel flicken. Als die Reparatur nicht nach Wunsch ausfiel, sandte dieser das Schuhwerk an die Basler Polizei, damit die Stiefel dort für alle Zeiten von der Bosheit des Schuhmachers Zeugnis ablegen sollten. Es sei doch die Pflicht der Behörden, so meinte der Geplagte, dass man ihm nach allem, was er habe erdulden müssen, wenigstens einen korrekt arbeitenden Schuster vermittle.

Beim Antistes Falkeysen, dem obersten reformierten Pfarrer Basels, beklagte er sich, er werde in seinem Hause «über alle Beschreibung überlaufen von aller Art Menschen ohne Verstand und Anständigkeit». Speziell gestört fühlte sich der schwedische Basler Bürger vom «unaufhörlichen Geschrei der calvinistischen Kinder beim sommerlichen Baden im sogenannten Entenloch am Rhein». Oberst Gustafsson verglich den Lärm mit dem wilden Gebrüll der Menschen zur Zeit der biblischen Sintflut.

Als nun auch noch der stadtbekannte Raufbold Jean Merian Gustav IV. zu einem Duell aufforderte und man ihm, dem ehemaligen Herrscher Schwedens, die beschei-

Für Gustav IV. Adolf war Napoleon der grosse «Widersacher», der Antichrist, den er in den «feurigen Pfuhl» stürzen wollte.

dene Stelle eines Zeughausverwalters verweigerte, sandte er beleidigt am 4. Februar 1822 den Basler Bürgerbrief aufs Rathaus zurück und suchte – nach weiteren Jahren eines unsteten Wanderlebens kreuz und quer durch Europa – zu guter Letzt ab 1834 sein Asyl in St. Gallen. Dort lebte er höchst bescheiden drei Treppen hoch in zwei kleinen Stuben im Wirtshaus zum «Weissen Rössli». (An der Westfassade des «Globus» erinnert eine Inschrift an jenes Domizil, wo Gustav IV. seine letzten vier Lebensjahre wohnte.) Wie ein Kind freute er sich darüber, dass in einem seiner Kämmerchen das gleiche Tapetenmuster die Wand zierte wie seinerzeit in seinem Kabinett im Stockholmer Schloss. Gustav IV. wunderte sich über den billigen Pensionspreis – er wusste allerdings nicht, dass dem Wirt, Samuel Näf, von einer Tochter des Königs, der Grossherzogin Sophie von

Als verbitterter, abgesetzter Monarch kam Gustav IV. Adolf von Schweden nach Basel. Zuerst interessierte er sich für den vornehmen «Kirschgarten», konnte sich dann aber doch nur ein bescheidenes Reihenhaus an der St. Johanns-Vorstadt 72 leisten.

Baden, diskret die andere Hälfte der monatlichen Miete bezahlt wurde.

Tagsüber schrieb der Ex-König politische Artikel für die «Allgemeine Zeitung», die allerdings nie veröffentlicht wurden. Um jedoch die Eitelkeit des Verfassers zu befriedigen, druckte man die Berichte wenigstens in einem einzigen Zeitungsexemplar ab. So hatte Gustav IV. einen Beleg und die «Allgemeine» keine Schwierigkeiten mit der Zensur...

«Obrist Gustafsson» wurde von seinen St. Galler Bekannten als wohltätig, gutherzig und abergläubisch, als durchaus edler und redlicher Charakter geschildert. Er trug einen zerschlissenen dunkelbraunen Mantel, alte dunkelbraune Hosen und Schuhe, über die er immer klagte, dass sie ihm zu eng seien. Wenn er mit seinem schwarzen Pudel «Paris» spazieren ging, fiel den Passanten «die grosse Ähnlichkeit des Fürsten mit den tiefsinnigen blauen Augen mit seinem edlen Ahnherrn Gustav Adolf» auf. Seinem Sekretär Bichsel diktierte der Exkönig eine Studie über Ebbe und Flut, verschiedene Rechtfertigungsschriften als Folge jenes 135seitigen «Memorials», mit dem er schon 1829 seine militärischen und politischen Aktionen zu rechtfertigen suchte, und schliesslich noch einen nie publizierten «Versuch über Staatsökonomie».

Wenn ihm im Winter die Kinder auf der Strasse «Schwedenkönig!» nachriefen und ihn mit Schneebällen bewarfen, konnte er oft stundenlang in seiner Kammer weinen und war nur durch intensiven freundlichen Zuspruch seines Wirtes Samuel Näf zu trösten. Frau Bott, die Wirtstochter (sie starb hochbetagt anno 1903), erzählte, dass der König in sternklaren Nächten von seinem kleinen Balkon aus in schwedischer Sprache Klagelieder «zum Himmel emporschallen liess». Nach kurzem Leiden starb Gustav IV. Adolf «ruhig und gottergeben» am 7. Februar 1837 im Alter von 58 Jahren und drei Monaten:

«Rings die Abendglocken tönen – er entschlummert sanft und leis,
Wie ein echter Nordlandskönig, mit dem Blick auf Schnee und Eis...»

Als am 19. Februar um Mitternacht der königliche Leichnam (samt separaten Silberurnen mit dem Herzen respektive den Eingeweiden Gustavs IV.) «ad interim» in die St. Magnus-Sakristei überführt wurde, «strahlte ein prachtvolles Nordlicht, dessen Leuchtkraft so gross war, dass man auf offener Strasse die feinste Schrift lesen konnte. So geleitete der herrliche Schein zur Verwunderung der St. Galler den nordischen König ins Totenreich. Sofort nach den Trauerfeierlichkeiten verschwand das Naturphänomen wieder.»

Bereits am 28. Februar des gleichen Jahres wurde der Sarg Gustavs IV. von St. Gallen nach Schloss Eichhorn in Mähren geleitet, wo sein Sohn, der österreichische Feldmarschall-Leutnant Gustav, Prinz von Wasa, lebte. Mit dessen Tochter Carola (sie war Königin von Sachsen) erlosch dann die Familie Wasa endgültig. Der Ex-Basler Bürger und Exkönig Gustav IV. wurde schliesslich 1884 mit seinem Sohne zusammen in der Riddarholmkirche in Stockholm zur allerletzten Ruhe beigesetzt. Als kleines Nachspiel zum wirren Leben dieses schweizerisch-schwedischen Originals wurde im März 1910 in Stockholm ein Prozess um das Erbe einer gewissen Helga de la Brache geführt, die behauptet hatte, eine «Nebentochter» von Gustav IV. zu sein…

Von Zeit zu Zeit erkundigen sich schwedische Touristen im ehemaligen «Königshaus» vergeblich nach Basler Souvenirs an den letzten Wasa-Herrscher.

Immerhin hatte sich Gustav IV. zweimal im Fremdenbuch der Kunstsammlung (damals noch mit der späteren Universitätsbibliothek in der «Mücke» am Schlüsselberg vereinigt) eingetragen: am 10. Mai 1810 als «Gustav Adolf» und am 17. Dezember 1814 als «Gustav Adolf Duc de Holstein-Eutin». Auch als Gönner der Bibliothek ist der ranghöchste Basler Bürger aller Zeiten auf der dritten Holztafel der Donatoren verewigt: «Serenissimus Princeps Gustavus Adolfus Dux Holsato-Otinensis…» Eine Basler Dame – so versicherten Gewährsleute – soll noch 1948 im Besitze jenes Empire-Schreibtisches (mit Ausziehplatte und bronzenen Beschlägen) gewesen sein, den der König seinem hiesigen Hausarzt Dr. Siegmund geschenkt haben soll.

Aus den Beständen des Kirschgarten-Museums fotografierte schliesslich eine schwedische Reporterin um 1970 ein Tafelservice aus dem Besitze jenes königlichen Basler Bürgers, der oft das Wort «Ich» in seinen Briefen nicht nur in majestätischen Versalien, sondern auch noch mit farbiger Tinte geschrieben hatte…

«'s Banane-Anni»
Spaghetti für Mussolini

Als Verdingkind ging es der am 6. August 1888 in Italien geborenen Anna Mevio-Bordot so schlecht, dass sie sogar Gras essen musste und Kartoffeln stahl, um nicht zu verhungern. Das Hirten- und Bettlermädchen kam barfuss über die grüne Grenze und lernte erst im Kloster Arbon lesen und schreiben. Nach einer kurzen Ehe mit einem Basler Lebensmittelhändler zog Anna mit einem Handwagen als «Bananenfrau» selbständig durch Basel. Ganz besonders laut habe sie dann jeweils ihre Kuhglocke vor dem Hause ihres Ex-Mannes geläutet, weil der sich vor seiner neuen «vornehmen» Freundin über seine ehemalige Gattin geschämt habe.

Gemäss Basler Polizeiakten kochte Anna Mevio-Bordot einmal bei sich daheim an der Elsässerstrasse dem jungen, damals noch sozialistischen italienischen Agitator Benito Mussolini Spaghetti napoli. Diese Amtsnotiz hat ihr nicht geschadet, weil die unpolitische Frau (sie verkaufte im Herbst auch heisse Marroni) für ihre «Bananenphilosophie» stadtbekannt war. Auf kleinen Kartons stellte sie diese Alltagspoesien mitten in die gelben Früchte:

«Ven vir wüste vie curze das leben ist, vir vurde uns gegenseitig mer frida macha!»

«Wer sich heute freuen can der sol nicht warten bis morgen.»

«'s Banane-Anni» als Marroni-Verkäuferin

«Geseligcheit ist die cunst den Umgang mit sich selbst zu verlernen.»

«Dienste und Geschencke zur rechten Zeit Haben dopleten vert.»

Anna Mevio starb am 14. Dezember 1967. Auf ihrem Küchentisch lag noch ein letzter «Bananenvers»: «Nur ein selbstloser Mensch can gans treu sein!»

Gustav von Bunge
«Der Drachentöter aus dem hohen Norden»

Am 19. Januar 1844 kam er als Sohn des mit Alexander von Humboldt befreundeten Botanikers Alexander von Bunge zur Welt. Seine estnische Vaterstadt Tartu (Dorpat, Jurjew) vermittelte dem jungen Gymnasiasten durch die «baltischen Barone» deutsche, durch seines Vaters Forschungsreisen im Zarenreich russische und als Student und «Livonia»-Mitglied auch einheimische Kultur.

1874 wurde Bunge zum Doktor der Chemie promoviert, 1882 folgte der Dr. med. in Leipzig. Damals schrieb er seinem Vater:

«Ich beschäftige mich hier ausschliesslich mit der Gynäkologie. Nirgends tritt einem der ganze Jammer der Menschheit greller entgegen als auf der geburtshilflichen Klinik: jedes siebente Kind rachitisch, jedes zehnte luetisch, ein grosser Teil der Mütter unfähig, das Kind zu ernähren, ein grosser Teil der Kinder unfähig, Nahrung aufzunehmen – fürwahr eine traurige Kollektion von Jammergestalten!»

«Wir steuern auf das Ziel los, dass das halbe Volk im Krankenbett liegt und die andere Hälfte sich mit der Krankenpflege befasst», klagte Bunge nach seinen Leipziger Jahren als Dozent in Dorpat.

Die folgenden Jahre waren ausgefüllt durch wissenschaftliche Arbeiten über chemische Vorgänge im mensch-

Eine (moderate) Karikatur Bunges im Jugendstil. Die von Milchflaschen überlagerten Säuglinge deuten an, dass sich der Physiologe auch immer wieder mit dem Problem der Kindersterblichkeit beschäftigt hat.

lichen und im tierischen Körper – Studien, die Bunges Namen in wissenschaftlichen Kreisen der ganzen Welt bekannt machten. Vor allem beschäftigten ihn das Blut, die Milch, die Rolle des Eisens und des Kochsalzes. Er erhielt Berufungen nach Riga, Kiew, Santiago de Chile und Chicago, reiste jedoch im Alter von 41 Jahren nach Basel und bezog eine Zweizimmer-Dienstwohnung im Dachgeschoss des Vesalianums.

Seine Antrittsvorlesung als neugewählter Dozent am 23. November 1886 entsprach jedoch keineswegs dem Geschmack der damaligen, mehrheitlich recht trinkfreudigen Professoren-Kollegen. Bunges kampflustiges, in seinen Forderungen sogar revolutionäres Referat über «Die Alkoholfrage» wurde als Skandal gewertet. Bunges aggressiver Stil machte Eindruck und weckte Widerspruch:

«Der Alkohol macht den Menschen stumpf und unempfänglich für die edelsten Freuden des Lebens – er führt zur allgemeinen Gemütsverkrüppelung.

Die Ursache der Trinkgewohnheit ist nicht das Elend, sondern der Nachahmungstrieb. Das erste Glas Bier schmeckt uns ebensowenig wie die erste Zigarre. Die Menschen trinken, weil andere trinken. Sie trinken, wenn sie Abschied nehmen. Sie trinken, wenn sie sich wiedersehen. Sie trinken, wenn sie hungrig sind, um den Hunger zu betäuben, wenn sie satt sind, um den Appetit anzuregen. Sie trinken, wenn's kalt ist, zur Erwärmung, wenn's warm ist, zur Abkühlung. Sie trinken, weil sie traurig sind, sie trinken, weil sie lustig sind, sie trinken, weil einer getauft wird, sie trinken, weil einer beerdigt wird – sie trinken, sie trinken, sie trinken…»

Der spätere Literatur-Nobelpreisträger und damalige Redaktor der «Grenzpost», der Baselbieter Schriftsteller Carl Spitteler, schildert in seinem Zeitungsbericht die unmittelbare Wirkung von Bunges Aula-Vorlesung:

«Ich entsinne mich nicht, jemals eine schärfere, wirkungsvollere Philippika gegen den Alkohol gehört zu

haben. Beim Verlassen des Saales zeigten mehrere meiner Bekannten Spuren tief gehender Zerknirschung – wenn in diesem Augenblick eine Proselytenliste herumgeboten worden wäre, hätten Dutzende unterzeichnet!»

Obwohl der nicht minder streitbare Gerichtspräsident und Jurisprudenz-Professor Andreas Heusler II. sofort das Bonmot «Bunge machen gilt nicht!» lancierte, fanden Bunges logische und zwingende Argumente gegen die damals auch durch schlechte Weine und billigen Fusel verschärfte Alkoholnot breites Gehör.

Gustav von Bunges Schrift «Die Alkoholfrage» wurde schliesslich in rund 20 Sprachen übersetzt und erreichte eine Gesamtauflage von über einer Million Exemplaren – ein Basler Bestseller also, der den im Dezember 1890 zum Ehrenbürger der Stadt ernannten militanten Gelehrten zum weltweiten Vorreiter der Abstinenzbewegung werden liess.

Im Kreise seiner Kollegen von der Alma Mater wurde Bunge oft angefeindet.

Ein Bungeschüler erzählte: «Eine Episode ist mir erinnerlich, da ihm sein Mitdozent den grossen Hörsaal im Vesalianum vorenthielt, und wie die Studentenschaft durch einen Massenandrang zu seiner Vorlesung gegen die kleinliche Schikane protestierte und die Übergabe des grossen Hörsaales erzwang.»

Privat war Bunge ein fröhlicher Mensch: 21 Jahre lang trank er regelmässig im Blaukreuzhaus seinen Tee oder einen Süssmost. Auch im spassfreudigen Kreise seiner estländischen Freunde wurde nur Tee serviert…

Im Winter 1890 rapportierte Bunge einem Bekannten: «Ich bin soeben nach Hause gekommen mit Eisklumpen im Schnurrbart. Fünf Grad Kälte in Basel, aber still und klar. Ich habe einen Spaziergang durch die Stadt gemacht und mich dabei ertappt, dass ich ganz in Gedanken mit den ‹Buebe und Maitli› – die letztern sind in Basel noch wilder als die erstern – auf den Rinnsteinen um die Wette glitschte. Mit meinem halben Jahrhundert auf dem Buckel bin ich in vollem Anlauf über die lange Rutschbahn hinter der Jugend hergeschliffen. Nach Basler Begriffen ist das mit der Professorenwürde ganz unvereinbar. Und so blieben denn auch Männlein und Weiblein mit offenem Schnabel stehen und scheuchten mich aus meinen Träumen auf…»

An den «Bungeabenden» im «Klarahof» sassen die Gäste an kleinen, mit Blumen geschmückten Tischen. Am Buffet holte man sich selbst die Speisen, und Bunge lobte «sein» Tafelgetränk: «Der Süssmost wird sich die Welt erobern!»

In seimem kleinen Dachlogis im Vesalianum servierte der Gelehrte seinen Freunden meistens frische Früchte: Trauben, Aprikosen, Pflaumen, Calvill-Äpfel, Williams-Spalierbirnen und Prachtspfirsiche.

Der «Drachentöter aus dem hohen Norden», der «Pfadfinder der Menschheit» starb im November 1920 an einer Lungenentzündung.

Bei der Trauerfeier auf dem Wolfgottesacker würdigten Regierungsrat Blocher und Pfarrer Schwarz den Verstorbenen in Gegenwart der Basler Abstinenten («von den Katholiken bis zur Heilsarmee und den roten Jungburschen…») als «eine klassische Persönlichkeit grossen Stils, von wundervoller Einheitlichkeit und Geschlossenheit des Wesens als Forscher und Denker, als Künstler und Kämpfer, als einen ganzen, einen vollen, einen reichen Menschen».

Eduard His jedoch widmete in seinem 1941 erschienenen Handbuch über «Basler Gelehrte» dem umstrittenen Kämpfer schäbige 19 Zeilen und bemängelte die Einseitigkeit von Bunges Wirken. «Auch das von seinen Kollegen erwartete Lehrbuch der Diätetik und Hygiene hat Bunge nie geschrieben, da sein Interesse an der selbständigen Forschung seit etwa 1900 erlahmt war…»

Sogar im «Basler Jahrbuch» ist unser Original nur mit einer kurzen Notiz in der «Chronik» vermerkt:

«5. November 1920: Im Alter von 77 Jahren stirbt Professor Gustav von Bunge, seit 1885 ordentlicher Professor für physiologische Chemie an der Universität, bahnbrechend durch seine Nahrungsmittel-Forschung (namentlich Milch) und Untersuchungen der sogenannten Aschenbestandteile der Phosphor-, Kali-, Eisen- und Mangansalze sowie als Begründer der modernen Abstinenzbewegung.»

Trotz seiner philosophischen Inschrift und der interessanten Denkmal-Gestaltung bleibt auch Bunges Grabstein in der offiziellen Schweizer Kunstführer-Studie über die Monumente des Basler Wolfgottesackers unerwähnt…

Um Gustav von Bunge ranken sich aber heute noch witzige Anekdoten:

Bei einem seiner Vorträge in einer französischen Weingegend warnte er wie immer vor den Gefahren des Alkohols. Weil das Publikum glaubte, der Redner verdamme mit dem Begriff «Alcool» nur den Schnaps, applaudierte man erst kräftig. Als die Zuhörer dann aber merkten, dass Bunge auch ihren geliebten Rebensaft ins Visier nahm, pfiff und tobte das Auditorium so lange, bis der Referent sich in Sicherheit bringen musste.

Der überzeugte Junggeselle verzichtete auf Ehe- und Vaterfreuden. Jeden Abend traf man ihn auf seiner obligaten Promenade über das Bruderholz in Gesellschaft seines Hündchens. In Anlehnung an Goethes Spruch, dass all das Gerenne und Gejage ja doch nur dazu diene, dass jeder Hans zu seiner Grete komme, behauptete Bunge: «Ach, wie kommt den Menschen das bisschen Rammeln doch so teuer zu stehen!»

Als man Bunges Schädel sezierte, sollen eierschalenartig dicke Kalkschichten freigelegt worden sein. Dieser Umstand diente seinen Gegnern noch zum «Beweis» post mortem, wonach gelegentlicher Alkoholgenuss gegen Arterien- und Gehirnverkalkung wirken soll: «Hätt er meh gsoffe, no wär em das nit passiert!»

Der Gourmet Bunge war auch im «Schlüssel» an der Freien Strasse anzutreffen, wo er nach seinem Motto «Jede Mahlzeit sei ein Fest – vom Guten nur das Beste» bei Mineralwasser gediegen tafelte. Einmal sprach ihn dort ein französischer Reisender höchst ehrerbietig mit «Monsieur Clemenceau» an, weil er den Basler Chemieprofessor wegen seines buschigen Schnurrbartes mit dem gefürchteten «Tigre» verwechselte.

Andererseits waren es dann wieder deutsche Studenten, die bei ihrer ersten Begegnung mit Bunge über die grosse Ähnlichkeit ihres Dozenten mit dem «Eisernen Kanzler» Fürst Bismarck rätselten.

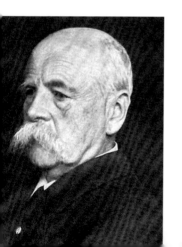

Franzosen verwechselten den Basler Bunge oft mit Clemenceau, Deutsche mit dem Fürsten Bismarck. Seine Studenten jedoch freuten sich über das für sie unverwechselbare Profil ihres beliebten Professors.

Emil Beurmann
Bohemien und Belami

Wenn es je eine schweizerische Boheme im Sinne von Henri Murger oder Giacomo Puccini gegeben hat, dann verkörperte sie sich in Emil Beurmann. Der am 14. März 1862 am Basler Klosterberg geborene Sohn eines Tapezierers pinselte schon als 19jähriger «Sprayer» Protestverse an die Mauer der Allerheiligenkapellen-Ruine. «Am nächsten Tag hatt ich ein Mordsgaudium. Schon am frühen Morgen standen die Leute dort und ganz Basel wollte das Ding sehen. Die Polizei suchte vergeblich nach dem Sünder…»

Von frühester Jugend an malte und schrieb, zeichnete und dichtete Emil. Malstunden nahm er bei Hans Sandreuter, zusammen mit Lisa Ruutz, der späteren Dichterin Lisa Wenger. «Nicht sehr fördernd für mein Studium», so schreibt Beurmann in seinen Tagebüchern, «war die Gesellschaft des charmanten Fräulein Ruutz, denn oft fand ich es amüsanter, statt zu zeichnen und zu malen, ganze Nachmittage mit der reizenden Kollegin zu verplaudern und ihren verlockenden Schilderungen des Pariser Atelierlebens zu lauschen.»

1881 reist Emil prompt ins Künstlermekka an die Seine: «Im ungeheizten Drittklasswagen eines Bummelzuges fror ich von morgens elf Uhr bis zum nächsten Morgengrauen. Im Quartier Latin leistete ich mir ein pri-

Mit dem breiten Basler Hut und dem altmodischen Zwicker auf der Nase war Emil Beurmann eine stadtbekannte Figur.

mitives Kämmerchen mit wackligem Eisenbett und dito Tisch und Stuhl.» In Paris gehören Albert Anker, Lovis Corinth, Frank Buchser, Cuno Amiet und Giovanni Giacometti zum Freundeskreis Beurmanns. Er sieht Sarah Bernhardt («sie hat das Geheimnis ewiger Jugend»), trifft Léon Gambetta, den Ministerpräsidenten, und er, der 23jährige «Jungmaler» aus Basel, ist dabei, als Victor Hugo am 1. Juni 1885 ins «Pantheon der Unsterblichkeit» überführt wird.

«Immerzu litt ich unter dem Druck der finanziellen Abhängigkeit von zu Hause», klagt der Basler Künstler in seinen Jugenderinnerungen. «In meinem defekten Öfelein zu heizen, konnte ich nicht verantworten. Als dann die grosse Kälte kam, wusste ich mir oft nicht anders zu helfen, als dass ich mich bis zum Beginn des Abendkurses ins Bett verkroch und meine ganze Garderobe nebst meinen Zeichnungsmappen auf der Decke anhäufte, um mich warm zu halten. Ungeniert liefen die Mäuse herum und stibitzten mir mein Brot…»

Dann reist «Monsieur Emile» nach Kairo. Dort becircen ihn seine kapriziösen Modelle – «Nebiha, schön wie eine Lotosblume, aber eine feurige Kleopatra/Salome-Natur, und Chadiga, schlank, verlockend, bronzefarben». Als der Schweizer «Belami» nach zwölf ägyptischen Wonnemonaten wieder heimwärts fährt, begleiten ihn nicht nur Chadiga und deren Freundin, die Bauchtänzerin Amina, sondern auch ein ganzer orientalischer Trupp von Feuerspeiern, Trommlern, Zauberern und Schlangenbeschwörern, die Beurmann als Impresario im «Palais des Fées» an der zweiten Schweizer Landesausstellung in Genf auftreten lässt.

In Basel veröffentlicht er Reiseberichte in Zeitungs- und Buchform und mausert sich schnell zu einem richtigen Malerpoeten, der schliesslich am Ende seines Lebens auf Hunderte von amüsant-kritischen Feuilletons und ein gutes Dutzend witzige Bücher zurückblicken kann.

Chadiga «el Mekkauveija» wurde von Emil Beurmann als ägyptische Tänzerin an die Schweizer Landesausstellung nach Genf verpflichtet.
Der Basler Künstler widmete der Kairoer Freundin sein Souvenirbüchlein «Chadigas Europareise», was in konservativen Basler Kreisen als Skandal betrachtet wurde.

1897 zieht es den Bohemien nach Spanien. Auch dort ist der Weg zur Kunst mit Frauen gepflastert: Einer schwarzäugigen Marcela in Madrid folgen eine leidenschaftliche Carmen in Cordoba, eine «Gitana mit blauem Kamm in der Haarpracht» in Granada und schliesslich «die reizendste aller Maurinnen, Aischa, ein richtiges Haremsfigürchen» drüben in Tanger. Daheim in Basel warten die Tänzerinnen vom Stadttheater und – insgeheim im Atelier – mehr oder weniger kulturfreudige Damen aus der «besseren» Gesellschaft auf den Vielgeliebten.

«Beuz» – so nennt er sich in seinen Büchern – malt in Paris, in Frankfurt, in München. Er erlebt den ersten Zeppelin (1908) und sieht das Erdbeben von Messina (1909) im Kintopp. Energisch verteidigt er das (damals noch) umstrittene Werk seines Kollegen Ferdinand Hodler gegen «wildgewordene Lehrervereine und Eisenbahner», und schliesslich packt ihn, den schon 52jährigen Schwerenöter, unversehens die grosse Liebe in der Person der 27jährigen Mariely Brunner, einer Tochter aus wohlsituiertem Bürgerhause. Die Schwiegermutter in spe will erst gar nichts vom über ein Vierteljahrhundert älteren Habenichts wissen. Wütend knallt sie dem Paar als Verlobungsessen hundert Gramm Aufschnitt

Am 27. Oktober 1913 geniessen Emil Beurmann und Mariely Brunner ihr erstes Rendezvous. Bald wird die 25 Jahre jüngere «Tochter aus gutem Hause» des Malers Lieblingsmodell. Im August 1914 heiraten «Beuz» und «Beuzli» und führen dann eine muntere Künstlerehe.

vom allerbilligsten und eine kleine Flasche «Hilfsarbeiterwein» auf den Küchentisch. Aber wider Erwarten wird das «Beuzli», wie die junge Frau im spottnamenfreudigen Basel nun genannt wird, mit ihrem «Beuz» glücklich. Die beiden erleben als Mitglieder der Stadttheaterkommission all die grossen Gastspiele jener Epoche zwischen 1914 und 1940. Bei Beurmanns sind Richard Strauss und Arthur Schnitzler, Max Reinhardt und Richard Tauber, Alexander Moissi und Paul Wegener, Conrad Veidt und Lotte Lehmann und Hans Albers zu Gast.

Er malt die Koloratursopran-Primadonna Maria Ivogün, die selbstbewusst ins Gästebuch schreibt: «Muss da noch eine Name hin? Schreit nicht jeder: Ivogün?» Mit Felix Weingartner hingegen, dem Dirigenten und Komponisten, findet Beurmann keine Harmonie; mit bissigen Satiren macht er dem sonst Gefeierten das Leben in Basel schwer.

Auch für moderne Musik hat der konservative Künstler kein Verständnis:

«Das Banjo knallt, das Hackbrett hackt – es grölt die Jerichotrompete; es stampft und krampft im Jazzbandtakt – und klopft, als ob man dreschen täte…»

Mit engagierter Vehemenz hingegen setzt sich Beurmann für Arnold Böcklins «neumodisches» Bild «Die vier Jahrzehnte» ein. Auch Ferdinand Hodlers umstrittene Freske im Landesmuseum findet beim Basler Kollegen begeisterte Akzeptanz.

Obwohl sich «Beuz» und «Beuzli» herzlich zugetan sind, wirft er zuweilen auch noch ein Auge auf «die kleinen Mädels im Trikot» – und sie korrespondiert intensivst mit einem Basler Staranwalt, der ihr per Schreibmaschine mit violettem Farbband seitenlange Liebesbriefe verehrt.

Als 75jähriger transformiert der Dichtermaler Nestroys «Lumpacivagabundus» zum Basler Dialektstück «E liederlig Kleeblatt». «Beuz» kennt aber auch wirklich alles, was in Europa malt und zeichnet. Er holt sich im Atelier des Jugendstilpapstes Alphonse Moucha Inspirationen, korrespondiert mit Lenbach, Kaulbach, Liebermann, Gulbransson, von Stuck…

Als der letzte «schrankenlose Bohemien der alten Schule» am 5. Februar 1951 stirbt, sind Basel und die Schweiz um ein vielseitiges Künstleroriginal ärmer. Maria Beurmann-Brunner überlebt ihren «Beuz» noch um 28 Jahre und sammelt (auch) die witzigen Aphorismen ihres Belami:

«Frauen sind die Holzwolle in der Glaskiste des Lebens.»

«Ein Glück, das man in Worten ausdrücken kann, ist gar kein Glück!»

«Wer nicht liebt, ist tot!»

«Sein Interesse an öffentlichen Angelegenheiten war wach», lobte Eduard Steuri in seinem Beurmann-Nekrolog im «Basler Jahrbuch» 1952, «wehe dem, der seinen Unmut erregte. Sein geschärfter Sinn für das Bodenständige ertrug keine politische Ausartung; mit ätzendem Spott gab er manchen Widersacher öffentlich der Lächerlichkeit preis. Keiner konnte ihm mit gleicher Münze heimzahlen. Gegen Beurmanns scharfe Klinge war kein Kraut gewachsen. Im Herzen zuwider waren ihm die dreist hervortretenden Verfechter neuer problematischer Kunstrichtungen und die um die wohlfeile Gunst der Masse werbenden Streber, Schönredner und Skribenten.»

Im «Bénézit», dem renommierten Künstler-Lexikon, ist Emil Beurmann in all seinen originellen Facetten in zwei Textspalten gewürdigt – eine Ehre, die nur wenigen Schweizer Malern seiner Generation zuteil wurde.

Der feinsinnige Basler Stadtpoet «Blasius» widmete dem unvergessenen Malerdichter gediegen-herzliche Abschiedsverse:

«Im Schaft stehn Biecher, wo Dy Gaischt het dichtet,
und Dyni Helge griesse vo de Wänd.
No däne Zaiche hesch Dy Läbe grichtet,
in däre Luft hesch gläbt bis fascht ans Änd.

Und läbsch no wyter! Nai, mer wänn nit truure,
im Basler Witz und in de Fasnachtsdraim,
am griene Rhy, in unsre-n-alte Mure,
do blybsch, my Beuz, fir alli Zyt dehaim!

Nit zue de Kinschtler mit de braite Nämme,
zue däne gheersch, wo d'Kunscht kei Grossdue isch.
Die rugge im Olymp jetz neecher zämme
und gunne Dir Dy Ehreplatz am Disch.»

Eine typische Beurmann-Neujahrskarte: Kokett blickt das junge Mädchen 1901 in seine noch unbeschwerte Zukunft.

«König Parzival»
Der Esperanto-Morse-Lehrer

Als «König Parzival», als «Ya Baha'u'llah Abbah Parzival» oder als «Tao Rha Parzival» machte in den 70er Jahren ein Basler Weltbürger den Behörden a) durch ständigen Domizilwechsel, b) durch unermüdliche «Befehle» und c) durch seine unorthodoxen Auftritte zu schaffen.

In seinem Buch «Das Leben und Testament des Königs Parzival» erzählte er von seinen Visionen:

«Der Ritter des weissen Velos» (seine Majestät fuhren stets mit einem Mantel in den UNO-Farben…) begegnete Gräsern im Walde, die «unaufhörlich sangen: ‹Für Dich sind wir gewachsen, iss uns bitte auf, damit wir in Deinen Körper eintreten können!›».

Nach Gebeten in Esperanto erschienen König Parzival Ameisenraumschiffe, die das baldige Ende des Universums ankündigten. Schliesslich glaubte der sich auch als Weltsoldat bezeichnende Prophet, dass sein königlicher Körper im Jahre 2844 wieder auferstehen würde.

In einem Interview erklärte «Parzival»:

«Von Beruf bin ich König. Berufung, verstehen Sie. Ich war schon einmal da. Als Parzival. Früher. Jetzt bin ich wieder hier. Bloss das Fleisch ist neu – der Geist ist alt…»

Im Sommer 1986 forderte der exzentrische Idealist seine Untertanen auf, sich gegen Vollmond-Umweltver-

«König Parzival» als demonstrativer Esperanto-Velofahrer im UNO-Flaggen-Hemd.

pester zu vereinigen und sich zur Befehlserteilung und zum Treueschwur täglich zwischen 07.30 und 09.00 Uhr am Internationalen Weltbürgerpunkt an der Dreiländerecke in Basel zu melden.

Da sich Serge Reverdin – so war König Parzival bürgerlich registriert – immer wieder ums Steuerzahlen drückte, mahnten ihn die Beamten mit Witz und Ironie an seine bürgerliche Pflicht.

So ergänzte ein sprachenkundiger Basler Steuerverwalter die amtliche Vorladung für den Weltsprache-Fanatiker mit dem Esperanto-Zusatz: «Donu al stato kio apartenas al stato, parolis la homonfilo!»

Und die Gemeindeverwaltung Uster bat den grossen König Parzival Taorha: «Da eine Ihrer ersten Aufgaben als absoluter König Gottes die Nächstenliebe ist, möchten wir Sie höflichst bitten, für den entschwundenen Serge Reverdin die Steuern zu begleichen.»
Sein Testament präsentierte der radelnde Monarch in «Esperanto-Morse»-Schrift, «da die einen vor Freude und die anderen vor Wut sterben würden, wenn sie ihre Urteile auf deutsch lesen könnten»!

Sein 132 Seiten umfassendes Buch liess Parzival am 17. Rahmat 134 mit der Nummer 1919 von einem (erfundenen) Notar Zweistein beglaubigen. Zum Inhalt des konfusen Werkes nur soviel: Auf Seite 64 berichtet Parzival, dass er auf Zureden des Friedensapostels Max Dätwyler die Gründungsversammlung der Selbstmörderpartei aufgelöst habe, auf Seite 65 klagt «Ya Baha'u'llah Abbah», dass er nachts immer wieder mit Überresten von kosmischen Symbolen beschossen werde.

In einem neunseitigen Testament in Esperanto-Morse kommentiert «König Parzival» (in dieser Reihenfolge) die katholische Kirche, die Mormonen, die Kinder Gottes, die Atomreaktoren, Quäker, Marxisten und Leninisten, Aerzte, Freunde und parzivalische Anhänger.

Fred Spillmann
Der Paradiesvogel

«Bis zu meinem vierten Altersjahr war ich ein Mädchen. Meine Mutter nannte mich Miriam. Ich ging in Mädchenkleidern, und Mutter präsentierte mich als ihr Töchterchen. Ich trug Prinzessinnenkleider. Meine Haare waren blond und eine Katastrophe – dünn und steckengerade. Jeden Morgen hat man sie mir geduldig um ein Setzholz gedreht. Als mein Vater einmal diesem täglichen Affentheater zuschaute, hat es ihn verjaggt: ‹So, jetzt ist dieses blödsinnige Spiel vorbei – jetzt wird das verdelli ein Bub!› Er brachte mich zum Coiffeur und donnerte: ‹Haar ab!› So wurde ich zum Fred Spillmann…»

Um sein Geburtsjahr hat der eitle Basler Couturier stets ein Geheimnis gewoben. Es dürfte jedenfalls so um 1910 herum fixiert werden…

Seine exzentrische Originalität hat Fred Spillmann sehr wahrscheinlich von seiner Grossmutter mütterlicherseits geerbt. «Die Wittich», wie sie genannt wurde, rauchte Zigarren und hatte offene Ohren für die grossen Chancen. Als sie hörte, dass die Badische Bahnverwaltung in Basel Terrain für einen Bahnhof suchte, «knallte sie sich sämtlichen Schmuck an den Ranzen» und liess sich mit dem Wägeli in Karlsruhe vorfahren. Grossspurig handelte sie mit den Bahndirektoren den Preis aus, wurde schnell einig, vergass jedoch diskret dabei

Fred Spillmann: «Ich bin ein Joker, gehöre aber eigentlich nicht zum Spiel!»

zu sagen, dass sie das entsprechende Land zwar kannte, aber noch gar nicht besass, sondern es erst hinterher mit den zugesicherten Finanzen ihrer Käufer erwerben wollte: «Das Schlitzohr machte dabei einen Schnitt in Millionenhöhe!»

Von eben dieser resoluten Grossmutter waren Fred Spillmanns Eltern regelrecht verkuppelt worden. «Es wurde die glücklichste Ehe der Welt – manchmal so glücklich, dass die Leute das frohe Scherbeln der Teller miterleben konnten, wenn wieder einmal Flugzeit war.» Aus seiner Jugend blieb Fred auch der zusätzliche Haushund Emmeli, ein rosiges Hausschwein, in Erinnerung sowie sein resoluter Vater, der Confiseur, der ungeniert Kundinnen, die sich über die Qualität der Spillmann'schen «Därtli» beschwerten, die Süssigkeiten vor seinen Augen aufzuessen befahl. Im «Café Spillmann» verkehrten u.a. Königinmutter Wilhelmina von Holland und der deutsche Reichskanzler Gustav Stresemann. So war Fred schon früh mit der «grossen Welt» in Verbindung. 1929 kam er an die Reimann-Modeschule nach Berlin, in die Hauptstadt des Vergnügens, «ein absolut verrücktes Pflaster». Fred Spillmann besuchte «aus Freude am Kostümieren» auch die Max-Reinhardt-Schule und traf dort den Dichter Ringelnatz und die Operettenkönigin Fritzi Massari.

Spillmann liebte es, sich selbst zu karikieren – ob in der Lällenkönig-Pose oder mit einer Styropor-Schale als Rennfahrer-Helm; Hauptsache war das selbstironische Amüsement.

Bei «Philippe et Gaston» und bei Sciaparelli in Paris holte sich Fred weiteres modisches Flair, und 1937 startete der Couturier seine erste Modeschau im eigenen Atelier am Rheinsprung in Basel.

Als der Krieg begann, kaufte Spillmann konträr zum allgemeinen Trend massenweise Stoff ein (u.a. das gesamte Lager des «Volksmagazins» in Luzern).

Mit einem schwarzen Trauermantel, Modell «Paris», innen mit Bleu-Blanc-Rouge-Futter und der goldenen Inschrift «Je reviendrai...», provozierte der Modeschöpfer die Basler Sympathisanten der Nazis. Prompt wurde er ins deutsche Konsulat gebeten: «‹Heil Hitler!› grüsste mich der Konsul. ‹Heil dir Helvetia!› grüsste ich zurück. Darauf er mit gewinnendem Lächeln: ‹Es passiert Ihnen nichts. Wir möchten nur wissen, ob Sie jüdisches Geld in Ihrem Geschäft haben.› ‹Das geht Sie einen Scheissdreck an›, lächelte ich ebenso gewinnend zurück...»

1946 dann, in Paris, traf Fred Spillmann André Péguillet, der als «Monsieur Péghy» privat und auch im Atelier sein Lebensgefährte wurde. Die Nachkriegsjahre brachten der Spillmann-Couture prominenteste Kundschaft. Schwerreiche Amerikanerinnen bestellten bis zu 60 Modelle pro Saison, Clavels vom «Wenkenhof» in Riehen und die Baronin Thyssen gehörten zum «Stamm».

«Ich habe Josefine Baker, die Mistinguette und die Caballé angezogen», schwärmte Spillmann in seinen Memoiren, «für Orlikowskys Basler Ballett kleidete ich ‹Dorian Gray› in Gelb und Schwarz ein. Später hat man den Effect in der Ascot-Szene von ‹My Fair Lady› mit Audrey Hepburn und Rex Harrison kopiert.»

Maria Schell zählte ebenfalls zur Clientèle, jedoch verkrachte sich der Modegestalter mit Georg Kreisler, den er als «eine alte, aufgeblasene Sardine im Frack» beschimpfte.

«Auch Bea Kasser gehörte zu meinen engsten Freundinnen. Ich habe sie auf einer Reise durch Ägypten auf dem Schiff kennengelernt. Sie war eine bezaubernde Frau, erhielt täglich Hunderte von Rosen – und mixte in ihrer Luxuskabine diese Crèmen und Salben, die dann später durch die ganze Welt gehen sollten.»

Hunderte von Baslerinnen und Baslern rühmten sich, ihren Fred Spillmann ganz genau zu kennen. Wer zum «Daig» der oberen Zweitausend gehörte, erzählte Anekdoten und Histörchen über die Abenteuer und Eskapaden des witzigen Outsiders, was er so alles getrieben hatte in Paris und auch am Rhein im Kreise jener Künstlerinnen und Künstler um Irène Zurkinden, Lotti Kraus, Dorette Huegin, Alexander Zschokke und Kurt Pauletto. Und wie unerhört skandalös das damals gewesen sei. Fred selbst gab zu, dass tatsächlich viele Dutzend später mehr oder weniger prominent gewordene Bebbi sich rühmen durften, mit ihm, dem Stadtoriginal, zur Schule gegangen zu sein: «Das ist schon möglich – so viele Male, wie ich hocken geblieben bin…»

Manchmal trauerte der stets «topmoderne Nostalgiker» den guten Fünfzigerjahren nach: «Heute kleben sie ein Krokodil auf ein Hemdchen, um das Ego zu heben. Unseren Röcken hat man auch ohne Firmenaufdruck angesehen, aus welchem Atelier sie kamen…»

1964 zeichnete Spillmann
diese «mythologische
Mutation».

In seiner für Fred Spillmann-Fans unentbehrlichen, mit prächtigen und gut getroffenen Farbporträts bereicherten «Privatdruck»-Biografie des Modeschöpfers hat -minu FS auch als Gast gewürdigt:

«Wie alle Leute, die viel kochen, war Fred ein grossartiger Gast. Zwar ass er von allem nur ein Häuchlein, war aber ein herrlicher Kommentator beim Essen. Und überdies der Garant für einen vergnüglichen Abend. Nur ein einziges Mal haben wir ihn erlebt, wie er die Tafel abrupt verliess. Einer der Gäste zog ziemlich ungehobelt über einen Freund Spillmanns her.

Fred ermahnte ihn beim ersten Mal: ‹Sie reden über jemanden, der abwesend ist. Überdies von einem meiner Freunde…›

Als der rohe Klotz dann ungeniert weiter drauflos lächelte, hat Spillmann die perplexe Gästeschar einfach verlassen. Das war etwas vom Bewundernswertesten an Fred: Er war einer der treuesten Freunde. Und stand für alle seine Leute ein. Nie hätte er über jemanden bös dahergeklatscht – schon gar nicht in dessen Abwesenheit.

Als man ihm diesbezüglich einmal ein Kompliment machte, winkte er bescheiden ab: ‹Ach was – reiner Selbstschutz. Böse Gedanken machen ein hässliches Gesicht – und böses Reden macht schmale Lippen…›»

Ein Beispiel für Dutzende von ehrenden Nachrufen auf den grossen Basler Modeschöpfer ist die Hommage des Ballettchoreographen Heinz Spoerli:

«Für mich war Fred Spillmann in erster Linie ein ernsthafter Künstler.

Viele sahen in ihm den lockern Paradiesvogel, die Schillerfigur. Hinter der Maske steckte aber ein tief empfindsamer Mensch, der einem immer zuhören konnte. Und mit einer zünftigen Portion Lebensweisheit Problemen die Alltagsschwere nahm.

Vor allem habe ich Fred Spillmann als absolut professionellen und stark arbeitenden Künstler kennengelernt. Zur Eröffnung des neuen Theaters hat er für mich eine Modeschau inszeniert, die ich dann choreographiert habe. Er liess seine ‹alten Kundinnen›, wie die Mistinguette und Josefine Baker, auftreten – dabei stimmte in seinen Kostümen alles bis aufs letzte I-Tüpfelchen. Er überliess nichts dem Zufall. Das hat wohl auch seine Brillanz ausgemacht…»

Wenige Tage vor seiner 100. Modeschau starb Fred Spillmann am 18. September 1986 an einem Herzversagen. Die Präsentation seiner Jubiläumskollektion vor «tout Bâle» wurde so unversehens zur Trauerfeier. Sie stand unter dem Spillmann'schen Lebensmotto: «Ob's ein Minus oder Plus – zeigt der Schluss.» Eines steht fest: Im an Originalen so reichen Basel war Fred Spillmann ein Super-Original!

Hermann Christ-Socin
Der Vielseitige

Von Basler Genies zu sprechen, scheint mir lokalpatriotisch vermessen. «Genialische» Züge und Wirkungen jedoch hatten vielleicht Jacob Burckhardt in der Kunstgeschichte, Thomas Platter als Vorbild für Fleiss und Beharrlichkeit, Arnold Böcklin als Maler, Erasmus von Rotterdam in seinen humanistischen Bestrebungen und Wilhelm Wackernagel in der Sprachforschung. In der Regel überzeugten diese «Partikularisten» ihre Mit- und Nachwelt im Bereich ihrer jeweiligen Fachgebiete.

Eine Gestalt jedoch sprengt als kompendialistisches Naturtalent den Rahmen dieser Spezialisten: Konrad Hermann Heinrich Christ-Socin.

Er kam am 13. Dezember 1833 in Basel zur Welt, versuchte aber später, zusammen mit seiner Mutter, sehr wahrscheinlich aus abergläubischen Gründen, den 12. Dezember als sein Geburtsdatum glaubhaft zu machen.

Sein Vater war von 1832 bis 1858 baselstädtischer Regierungsstatthalter (also eine Art Landvogt) für Riehen, Bettingen und Kleinhüningen. In seinen Erinnerungen aus Basels Biedermeierzeit beschwört Christ die gute alte Zeit, wo die Magd noch Wasser am Brunnen holte, als man mit Lichtscheren an Unschlittkerzen hantierte, mit Gänsekielfedern schrieb und wo im Chor der Barfüsserkirche die Herren Geigy noch ihre Farbwaren

Hermann Christ-Socin in seinem 100. Lebensjahr. «O kennt i numme drus! Wie gärn wurd i verschwinde!» meinte der greise Gelehrte wenige Wochen vor seinem Tod. Aus lauter «Aufregung» über die bevorstehende säkulare Geburtstagsfeier erlag der Jubilar den Folgen eines harmlosen Beinbruchs...

lagerten. Damals blühte noch der Rittersporn in einem Kornfeld auf dem Areal des heutigen Aeschenplatzes und gelbe wilde Tulpen, vom Stadtbannwart Völlmy sorgsam gehütet, im Rebgelände am Rain der Elisabethenschanze.

Als Schüler am Pädagogium sammelte Hermann als Hobby Mineralien, presste Pflanzen und Blumen und bereitete sich allmählich auf das Studium der Jurisprudenz vor, das er dann 1856 in Berlin mit dem Prädikat «summa cum laude» abschloss.

Der Advokat und Notar Christ betreute vorerst Mandate der Badischen Bahn und der Elsass-Lothringen-Bahn. Mit einer ganzen Reihe juristischer Publikationen und Gutachten machte der junge Anwalt bereits ab 1860 auf sich aufmerksam: Er analysierte die «Rechtsquellen von Obwalden», begutachtete Gebietsstreitigkeiten zwischen Aargau und Baselland und wurde mit seinem internationalen Eisenbahnfrachtverkehrs-Abkommen im Auftrage des Bundesrates Experte und Wegbereiter zwischenstaatlicher Transportgesetze.

Als Grossrat, Zivilgerichtsschreiber, Ehe-, Bau- und Appellationsrichter diente der an der Riehener Burgstrasse wohnhafte Jurist auch dem Basler Gemeinwesen.

«Aus lauter Allotria, nur in den Mussestunden» beschäftigte sich Hermann Christ mit seinem Lieblingsfach, der Botanik. Mit 46 Jahren veröffentlichte er sein «Pflanzenleben der Schweiz».

144 Arbeiten über Farne (mit den drei Hauptwerken «Die Farnkräuter der Erde», «Die Farnkräuter der Schweiz» und «Die Geographie der Farne») machten ihn zur anerkannten Weltautorität der Pteridophyta-Forschung.

«Die Rosen der Schweiz» und die «Rosiers du Valais» (wenige Monate vor seinem Tode erschienen und vom 99jährigen noch korrigiert) waren weitere Standardwerke Christs.

Sein botanisches Interesse blieb aber nicht auf Farne und Rosen beschränkt:

Koniferen, Riedgräser, Tropenblüten, Buchsbäume, Bauerngärten, die vegetabilischen Reste von Pfahlbauten und die Korrespondenzen der Basler Botaniker Mieg, de Lachenal und Ramspeck mit dem auf unserer 500er-Note gewürdigten grossen Berner Naturforscher Albrecht von Haller bildeten weitere Forschungsobjekte des Kompendialisten.

Das (keineswegs vollständige) Verzeichnis der Publikationen von Hermann Christ-Socin im «Basler Jahrbuch» 1935 umfasst acht Seiten. Es betrifft auch Studien über die Waldenser, über Algerien, den Campo Santo von Bologna, über die Schmetterlinge Nordamerikas, über Cornwall und Englands Küsten, über Madagaskar, die Dienstverweigerung, das Seelenleben der Alpentiere, über Tibet, den 7. Zionistenkongress und Indianerprobleme in Südamerika und Kanada. Viele dieser Beiträge sind zwar für den seinerzeit in der Regio sehr beliebten «Christlichen Volksboten» geschrieben worden, sprengen aber oft den Rahmen populärwissenschaftlicher Plaudereien und erfassen jeweils den neuesten Stand der behandelten Themata.

Verdientes Lob spendet unserem Musterbeispiel eines «vernetzt» denkenden Gelehrten sein Biograph Eduard His:

«Der säkularen Lebensdauer von Hermann Christ stand ein Lebenswerk gegenüber, das bei anderen Wissenschaftlern wohl fast das Doppelte an Zeit beansprucht hätte. Er besass in seltener Weise die Voraussetzungen zu leichtem, raschem, sicherem und exaktem Arbeiten: einen scharfen Verstand, ein untrügliches Gedächtnis, geschulten Sinn für logische Ordnung und klare Systematik, die Gabe genauer, kritischer Beobachtung, eine grosszügige Unternehmungslust und einen spekulativen Sinn, der auch für die Fragen der praktischen Verwendung Verständnis hatte. Freude und Enthusiasmus befähigten ihn, mit jugendlicher Frische stets wieder neue Werke in Angriff zu nehmen; das Arbeiten fiel ihm dabei leicht, fast wie ein Spiel. Die beständige Abwechslung unter einzelnen Wissensgebieten verhinderte ein Ermüden seiner Schaffenslust.»

Die grösste Resonanz erreichte Christ mit seinen philanthropischen Bemühungen: Die von Kurden und Türken gleicherweise bedrohten christlichen Armenier, englische Kolonialexzesse in Peru und die Sklaverei im portugiesischen Angola bewegten ihn ebenso wie Ungerechtigkeiten in Süd-Kamerun oder in Korea.

Zwischen 1908 und 1916 dokumentierte Christ dann in 24 Berichten sein feuriges Engagement gegen die sogenannten «Kongogreuel». Mit der Broschüre «Das Schicksal des Kongo – eine Gewissensfrage und die Menschheit» informierte der Basler Neohumanist die Weltöffentlichkeit über haarsträubende Missstände in der «Privatkolonie» des belgischen Königs Leopold II.

Seine Majestät König Leopold II. (auch «Kongopoldi» oder nach seiner Geliebten «Cléopold» genannt) fand im Basler Farn- und Rosenkenner Christ-Socin einen erbitterten Gegner seiner «Wirtschaftsmethoden» im Kongo.
Der unermüdliche Kämpfer gegen die «Kongogreuel» wurde in Belgien zur «unerwünschtesten Person» (persona ingratissima) erklärt. Christ-Socins Anklagen gegen die unmenschlich verwaltete Privatkolonie Leopold II. fanden weltweites Echo.

1885 erfolgte die Gründung des «Etat Indépendant du Congo», den König Leopold II. mit einem Darlehen des belgischen Staates von 32 Millionen Francs zu seinem privaten Ausbeutungsobjekt machte. Obwohl der renommierte Afrikaforscher Henry Morton Stanley bei seinem Besuche in Belgien nicht nur die «Jardins tropicaux» des Monarchen, sondern auch dessen «wahre Grösse, Freigebigkeit und Menschlichkeit» rühmte, wurde doch bald durch Missionare und durch ein «Weissbuch» des irischen Patrioten Sir Roger Casement ruchbar, mit welch brutalen Methoden die Kongo-Verwalter des Königs für Rendite beim Kautschuk-Raubbau sorgten:

Die weissen «Agenten» stellen Eingeborene in einer Reihe hintereinander auf und «erschiessen sie mit einer einzigen Kugel, um keine Patrone zu verschwenden. Die schwarzen Aufseher hacken Arbeitern, die nicht die vorgeschriebene Menge Kautschuk liefern, die Hände ab. Manchmal bringen sie sogar ganze Körbe voller Hände zu den Stationen, um den weissen Herren ihre Ergebenheit zu demonstrieren.»

Hermann Christs «schneidige Schriften und Aktionen» haben ihre Wirkung weit über Basel und die Schweiz hinaus. In Belgien wird der Philanthrop zur «persona ingratissima», zur unerwünschtesten Person erklärt.

Leopold II. jedoch musste unter dem Druck der Kritik seine Privatkolonie 1908 dem belgischen Staate überschreiben, der allmählich für eine humanere Ordnung im Kongo sorgte.

Gegen Ende seines langen Lebens widmete sich Hermann Christ wieder vermehrt der Botanik. Er, der 1908 als einer der massgebenden Promotoren an der Gründung unseres Nationalparks mitgewirkt hatte, freute sich noch 1931 an einer Sendung des Afrikareisenden und «Botanikerpfarrers» Hans Anstein:

«Mit einem ganzen Herbarium herrlicher Strohblumen und anderen Südafrikanern kam mir Ihr Postpaket aus

Der botanisch-juristisch-philanthropische Kompendialist korrespondierte mit Gelehrten aus aller Welt.

Kapstadt zu. Und was soll ich erst sagen zu dem Inhalt der Holzschachtel, die mir gestern, am 12. Dezember, meinem 98. Geburtstage, zugestellt wurde, mit einem strahlenden Strauss Ornithogalum. Ich empfehle Ihnen besonders, wenn Sie dann in die Schluchten des Tafelberges kommen, den herrlichen Busch Protea argentea, dessen ölbaumartige Blätter wie mit Silberpelz überzogen sind. Sie können sich nicht vorstellen, welche Lichtfülle Ihr mir in voller Glorie erstrahlendes Bouquet in mein halbdunkles Zimmer wirft. Es ist jetzt bei uns oft so dunkel, dass ich mittags nur mühsam mit der Vergrösserungslupe lesen kann…»

Schon 1890 hatte Christ entdeckt, dass auch in der Basler Regio eine nordische Torfflora, im Schwarzwald und in den Vogesen eine Alpenflora gedeiht. Seine botanischen Forschungen umfassten also weltweit alle Bereiche. Auch in seiner engeren Heimat, in Riehen, freute er sich in den damals noch stärker verbreiteten Reben über die gelbe Winterblume.

Apropos Riehen: An der Burgstrasse hatten die Nachbarn oft Mühe, den Gelehrten und seinen 1868 geborenen Sohn Hermann voneinander zu unterscheiden, da beide bei ihren Spaziergängen stets in lange schwarze Pelerinen gehüllt waren.

Schon bereitete man allenthalben Feiern zum Säkulum des gelehrten Menschenfreundes vor. Hermann Christ sprach abwehrend, dass man doch nicht «e so-n-e Gschiss» über sein Jubiläum machen sollte. Bereits war eine Schrift «zum hundertsten Geburtstag» erschienen, da erlitt der bis anhin so muntere Greis am 4. November 1933 durch einen Sturz im Zimmer einen Oberschenkelbruch, der Entzündungen zur Folge hatte.

In der Nacht zum 24. November 1933 erlag der Fast-Jubilar in seinem Hause in Riehen diesem Unfall, zwei Wochen vor seinem grossen Ehrentag.

Eine silberne Gedenkmedaille, die kurz nach seinem Tode erschien, präsentiert den universalen Wissenschafter mit seinem geliebten «Fez» als Kopfbedeckung.

Der Aenishänsli
«De bisch e scheeni Milch!»

Was man «historisch» von ihm weiss, ist schnell erzählt:

Johann Heinrich Aenishänslin kam 1862 in Gelterkinden zur Welt. Er erlernte den inzwischen ausgestorbenen (Hilfs-)Beruf eines Bandabmessers, arbeitete «by de Vischere-n-im Blaue Huus», zog über 40 Jahre lang als Stadtoriginal durch Basel und starb im Jahre 1929.

Viel lebendiger präsentiert sich uns sein Charakterbild, wenn wir den Stadtchronisten «Glopfgaischt» (Robert B. Christ = Konsul von Monaco) im heimeligen Dialekt über den Aenishänsli berichten lassen:

«Alli Dag het men-n-en naime-n-im Spaleviertel kenne gseh in sym graublaue Schurz und mit ere Dächlikappe-n-oder mit eme Tschäpper, wo uusgseh het, as dät er au no schloofe dermit.

Wenn dr Aenishänsli z'Basel dur d'Gasse-n-und d'Stroosse gwaiblet isch, het er d'Lyt allewyl harmlos erhaiteret; bym Spaledor umenander, am Noodlebärg, am Fischmärt het me-n-en kenne gseh. Dr Niggi Steckli het en uff sym Helge mit em Fischmärtbrunne vereewiget…

Dr Aenishänsli mit syne roote Bagge und sym kindlige Lächle, wo me-n-au hätt kenne verschmitzt haisse, het schier allewyl e Barebly und e Deckelgratte, no meh aber en Art e Raisseckli uus Zyg mit Blueme gschtickt druff by-n-em drait. Summer und Winter het er luut gsunge-n-

Johann Heinrich Aenishänslin (früher Bandabmesser in einer Seidenbandfabrik und später Fasnachtsplakettenverkäufer und «Stadtjodler») war bei den Basler Kindern besonders beliebt. Hier sehen wir ihn mit einem munteren Mädchen-Trio am Spalengraben.

uff der Strooss: ‹Alle Vögel sind schon da...› – eb's gstirmt, oder geschneyt, oder eb's grägnet, oder eb d'Sunne gschine het.

Wenn er am Noodlebärg sy Milch bsorgt het, derno het er sy Häfeli vor sich anedrait und het mit der Milch afoh schwätze: ‹De bisch e scheeni Milch! De bisch e gueti Milch!›

Au mit de Kinder, wo hinder em drygloffe sinn und en hänn welle fuxe, isch er nie bees worde; er het aifach glacht und het mit ene gschwätzt und gsunge und gjodlet.

Aim vo myne Läser het er emool im ene schwache Stindli gstande, er dät no ganz gärn mängmool vyl dimmer, as er syg; 's haig em scho meh as ai Drinkgäld ybrocht, wemme main, er syg e-n-arme Dubel!»

Eine stadtbekannte Figur der Zwanzigerjahre war der Aenishänsli mit seiner obligaten grossen Tragtasche, mit dem langen «Schurz», einem Halstuch und «mit ere Dächlikappe-n-oder mit eme Tschäpper» auf dem Charakterkopfe.

Rudolf Robert Boehlen
«Der Meister des Todes»

In der langen und prominenten Reihe verdienter Schweizer Aviatiker nimmt der 1898 in Basel geborene Rudolf Robert Boehlen einen besonderen Ehrenplatz ein. 1926 gibt der von aller Jugend an vom Flugwesen faszinierte Bankbeamte seine Stelle auf und lässt sich in Berlin zum Berufsfallschirmspringer brevetieren. Eine LVGB III mit Pilot Hempel fliegt ihn auf 800 Meter Höhe. «Die Zuschauer da unten auf dem Flugplatz sind klein wie Ameisen», schreibt Boehlen in einem später als Flugblatt (im doppelten Sinne) verteilten Erlebnisbericht.

«Jetzt nickt mir Pilot Hempel zu. Ich habe nur drei Worte auf den Lippen: ‹Leben oder Tod!› Noch kräftiger klammern sich meine Hände an die Maschine. Leben, leben. Ich will leben. Aber gleichzeitig geht es mir durch den Kopf: Du bist Schweizer, Du wirst jetzt Deine Heimat nicht blossstellen. Ich werde stolz. Ich will. Ich schliesse meine Augen und lasse mich vom Flugzeug los. Taumel, Taumel. Schneller und schneller falle ich...»

Mit einer Risswunde oberhalb des linken Auges beendet der damals in Basel noch als «Spinner» geltende Boehlen seine Absprungpremiere. Im Triumph, mit einem Ehrenkranz um den Hals, wird Boehlen an diesem 13. Juni 1926 zum Startflugplatz in Gera zurückgefahren. Darauf absolviert er auch den vorgeschriebenen zweiten «Salto ins Nichts».

Ein mutiger und (zu Unrecht) vergessener Schweizer Luftpionier: der originelle Basler Rudolf Robert Boehlen (1898–1953).

Bis Ende Februar 1929 hat der bei in- und ausländischen Flugmeetings, sogenannten «Aviatiktagen», stets als «Meister des Todes» angekündigte Basler schon 86 Absprünge hinter sich und ist mehrfacher Sieger bei spezifischen internationalen Fallschirmabsprung-Konkurrenzen.

Im internationalen Wettbewerb mit den grossen Flugassen jener Epoche, dem Amerikaner Frank Hawks, dem südafrikanischen «Captain Collins» und dem Deutschen Ernst Udet («des Teufels General») weiss sich Boehlen zu bewähren.

Seine «Sensations-Akrobatik am fliegenden Flugzeug» bestand gemäss Werbeprospekt aus «Laufen auf der Tragfläche, Todes-Hang am Flügel, Turnen am Strickleiter-Trapez und am Fahrgestell, Matrosen-Akt etc., etc.»

Boehlens Tochter Maja besitzt heute noch eine Brosche mit Adler und Krone, ein Geschenk des italienischen Luftmarschalls Italo Balbo anlässlich eines Flugtages in Rom.

Seinen grössten Triumph erlebte der sich zeitweise auch als Schreibstuben-Inhaber und Securitaswächter durchschlagende originelle Basler am 13. August 1933: Mit dem späteren Swissair-Pionier-Piloten, dem Baselbieter Ernst Nyffenegger, startet er auf dem Sternenfeld-Flughafen in Birsfelden mit einer AC 11. Boehlen führt einen Sauerstoffapparat mit und springt aus der Weltrekordhöhe von 8200 Metern bei einer Aussentemperatur von 31 Grad unter Null ab. «Wenig fehlte», heisst es in der «Geschichte der schweizerischen Luftfahrt», «und Boehlen hätte seinen kühnen Versuch mit dem Leben bezahlt.» 20 Minuten dauerte der Schwebeflug, und weil der Gürtel über der Brust zu eng geschnallt war, bekam der Wagemutige zu wenig Luft. Ganz blau im Gesicht und halb ohnmächtig kam der fast erfrorene Aviatiker in einer Blumenmatte bei Bennwil im Baselbiet auf die Erde, wo ihn die hübschen Bauerntöchter der «Herrenmatt» sofort mit Baselbieter Kirsch einrieben.

Der «Basler Ikarus» bereitet sich auf einen Absprung als «Fliegender Mensch» vor. Boehlens neue Gleitflugtechniken erinnern einerseits an die aviatischen Pioniermodelle des Baselbieters Jakob Degen und des Schneiders von Ulm – andererseits wiesen sie in die Zukunft unserer heutigen Deltasegler. Natürlich waren so kostspielige Experimente auch um 1930 nicht ohne gelegentliche Finanzhilfe durch Sponsoren möglich...

Aus dieser «himmlischen» Zufallsbegegnung entstand dann eine lebenslange Freundschaft, die sich später auch auf Boehlens Tochter erweiterte.

Am «Tag der Flieger» am 14. Mai 1939 an der Landi in Zürich leitete Boehlen das vom ihm ausgebildete Team der «Basler Fallschirm-Equipe», zu dem die ersten schweizerischen Fallschirmspringerinnen Lola Felber und Anny Fischer gehörten.

Die wachsende Konkurrenz zwang auch den «Meister des Todes» zu immer waghalsigeren Darbietungen: Boehlen errang den «Tiefenrekord», als sich sein Fallschirm erst fünfzig Meter über dem Boden öffnete.

Als «Fliegender Mensch» und als «Ikarus» beteiligte sich der Basler an verschiedenen Zeppelin-Landungen im Rahmenprogramm. Boehlen konstruierte sich einen Apparat aus zwei mit den Händen bedienten, mit einem Kupferkorsett unter den Armen rings um den Körper befestigten Flügeln sowie einer zwischen den Beinen angebrachten Schwanzflosse, die durch Spreizen geöffnet wurde. «Nach dem freien Fall müssen sich Flügel und Flosse ausbreiten und so diesen abfangend in ein langsames Gleiten umwandeln. Je nach Bewegung der Arme und Beine kann sich der Mensch so schmetterlingsartig durch die Luft bewegen…»

Auf dem Berner Flugplatz Belpmoos führte Boehlen seine Erfindung in Gegenwart eines Experten des Eidgenössischen Luftamtes, Ingenieur Gsell, einem staunenden Publikum vor. Nach dieser amtlichen Probe errang der Vorläufer der heutigen Deltasegler bei Flugshows im In- und Ausland immer wieder begeisterte Anerkennung. Boehlen war sich jedoch der grossen Risiken seiner «Mechanik» durchaus bewusst. Sein Wahlspruch lautete: «Wer oft und viel in Gefahr sich begibt, dem wird sie vertraut, bis hart er sie liebt!» Diese verpflichtende Devise setzte der schweizerische Ikarus auf alle seine Werbeprospekte und Propagandaflugblätter.

Boehlens tragisch-heroisches Finale: Am 8. Juni 1953 stürzt er bei Augsburg auf den Hinterkopf, nachdem eine heftige Windböe seinen Absprung in der «Ikarus»-Montur zum Absturz werden liess. Die Aufnahme zeigt deutlich, dass der tödlich verletzte Rudolf Robert Boehlen noch einmal lächelt. Vielleicht hatte er sich insgeheim einen solchen standesgemäss dramatischen «Abgang» gewünscht...

Am 8. Juni 1953 beteiligt sich der damals bereits 55-jährige Basler Luftartist in Augsburg wieder einmal als «Fliegender Mensch» an einem grossen Flugmeeting. Beim Absprung erfasst ihn in Bodennähe eine Böe, die ihn zur Erde schleudert. Als Helfer erscheinen, lächelt Boehlen ihnen noch freundlich zu. Schwere Hinterkopf-Verletzungen führen jedoch schon nach kurzem Spitalaufenthalt zum Tode des Flugoriginals.

Die schönste Grabrede steht in Rudolf Robert Boehlens Broschüre «Mein erster Fallschirmabsprung»:

«Einmal wird ein Absprung der letzte sein. Der Todessprung. Aber dieser Gedanke hindert mich nicht. Wissen wir Menschen um alle Gefahren? Auch ich will leben. Mein Beruf ist Pflicht. Ist er nicht Pionierdienst für die Sicherung des Lebens Tausender von Menschen?»

«'s Fotzeldorli»
Erstaunliche «alti Dante»

No hütt sait me z'Basel im ene vergammlete Frauezimmer, es syg e «Fotzeldorli». Läse Si drum d'Gschicht vo däm Wäse, wo dä Begriff sozusage gründet het:

Aes isch en alts, verschrumpflets Wybli gsi, wo sich nie gschtrählt und sälte gwäsche het, numme zwai ainzigi langi Zehn im Muul gha het und allewyl in Lumpeklaider umegschlurpt isch.

's Fotzeldorli het im letschte Johrhundert im ene Hinterhof-Zimmerli am Trillegässli ghuust; uff em e Strohlager het's gschloofe, e Kischte isch sy Schrank gsi und e verbüülte Nachthafe d' Toilette.

Verwahrlost isch das Gschöpf in der Stadt umezoge, het bättlet und mängmool sogar e Tällerli uusgschläggt, wo d'Lüt für d'Katze-n-aanegstellt hänn. «E Katz bruucht kai Ai!», het's denn gmaint.

's Fotzeldorli isch au für e Batze vor de Hüüser go 's Kopfstaipflaschter go putze. Mit eme-n-alte Tischmässer het's d'Fuege uuskratzt, het bi däre-n-Arbet ständig vor sich aane brummlet und het frächi Antworte gäh, wenn me's öppis gfrogt het. Das gschupft Stadtoriginal het au überall noch dr Aesche gsuecht und si denn im ene Sagg mitgnoh. E Zahnpulverfabrikant wurd em die Aesche abkaufe, het 's Fotzeldorli behauptet.

Im Auftrag der Firma Schrempp & Co. AG hat der Basler Grafiker und Fasnächtler Roger Magne 1972 einen Bogen mit Basler Originalen gestaltet. Aus dieser Serie stammt auch die (nachempfundene) Darstellung des «Fotzeldorli», von dem es sehr wahrscheinlich kein Originalporträt mehr gibt.

Wo 's derno gstorbe-n-isch, het ganz Basel gstuunt: Unter em Stroh in synere Tohuwabohu-Huushaltig het me 24 000 Frangge in Gold, Banknote und Wärtpapier gfunde – e Wärt vo hütt fascht ere Viertelmillion!

Das unverhofft Vermöge het e-n-entfärnte Verwandte in Dütschland g'erbt. Es het däm Maa au nüt uusgmacht, dass me denn an der näggschte Fasnacht über 's Fotzeldorli e Schnitzelbankvärs gsunge het:

«O Fotzeldorli, alti Dante,
Hesch glaub im Läbe nie gnueg gseh.
Du hesch der Schwindel guet verstande,
Doch jetze goht das nimmemeh.
Denn unter dyne Lympe-n-unde
Het me jo dy Vermeege gfunde!
De kasch es mache, wie de witt,
Doch mitnäh kasch's au du halt nit…»

Johann Jakob Speiser
Der Gründervater

Sein Geburtshaus stand auf dem Fischmarkt. Noch herrschte Napoleon, als am 27. Februar 1813 dem Tuchhändler Johann Jakob Speiser ein gleichnamiger Sohn geboren wurde. Schon als 14jährigen liessen ihn seine Eltern, «das Ränzchen auf dem Rücken, den Stock in der Hand», ganz allein eine dreiwöchige Wanderung durch die Schweiz unternehmen. Nach der Schulzeit absolvierte Johann Jakob junior ab 1828 eine dreijährige Handelslehre in Lausanne, wo er auch «den Kindern seines Prinzipals die Essmäntel umzubinden hatte». Während den folgenden sieben Wanderjahren arbeitete Speiser in Mülhausen, in Marseille und in Bordeaux. 1837 finden wir ihn in Liverpool bei Zwilchenbart. Vielleicht erinnern sich unsere Leserinnen und Leser an jene frühere grosse Reklametafel mit dem gleichen Namen auf einem Hause am Centralbahnplatz.

1839 vermählte sich Speiser mit Dorothea Hauser, der Tochter des Wirtes zum roten Ochsen im Kleinbasel. 1843 präsentierte der junge Kaufmann ein Projekt, «das männiglich in Basel für überflüssig hielt».

Noch trat man durch die Tore in die Stadt ein, noch galt abends das Sperrgeld. Die Basler Zoller erhoben nach wie vor Weg- und Brückengeld. Noch war die Prügelstrafe erlaubt. Es gab nur Gasthöfe, Weinhäuser

Johann Jakob Speiser (1813–1856), der kleine Mann mit der grossen Halsbinde, gründete Banken und Bahnen. Mit der eidgenössischen Münzreform (1848–1852) machte er dem Währungs-Tohuwabohu der Schweiz ein radikales Ende.

und Schenken, aber keine Restaurants... Der kleine Mann mit der grossen Halsbinde, so munkelte man in der damals rund 24 000 Einwohner zählenden Stadt, wolle eine Bank gründen. Eine Bank, die ganz anders funktionieren solle als die 16 ehrenwerten Privatinstitute, die sich bis dato mit den Finanzen beschäftigten. Johann Jakob Speiser sah das so: «Die neue Bank eröffnet jedermann für seine Einschüsse eine laufende Rechnung und bewahrt die Gelder auf. Hat der Inhaber einer solchen Rechnung eine Zahlung zu leisten, so stellt er statt baren Geldes eine Anweisung aus auf sein Guthaben, welche der Empfänger entweder dort einkassieren oder sich selber gutschreiben lassen kann.»

Anstatt unnötigem Hin und Her der Bargeldboten propagierte Speiser die Verrechnung. Im Haus «zum Berner» an der Freien Strasse gegenüber der Post öffnete Speisers «Bank in Basel» am 2. Januar 1844 ihre Pforten. Am 15. September 1845 gab Speiser die ersten privaten Basler Banknoten heraus. 1848 folgte die Gründung des Kreditvereins, und Johann Jakob Speiser hatte auch die Hand im Spiel bei der Gründung der Basellandschaftlichen Hypothekenbank, die übrigens (1850) Jeremias Gotthelf mit seiner Geschichte «Hansjakob und Heiri oder die beiden Seidenweber» als – wie man heute sagen würde – Public-Relations-Manager verpflichten konnte.

Speiser amtierte als Berater bei der Gründung der Thurgauischen Hypothekenbank in Frauenfeld. Sein «Honorar» bestand aus 25 Flaschen 1834-Bachtobler und 25 Flaschen 1822-Karthäuser. Damit nicht genug: Mit Fug und Recht darf man Johann Jakob Speiser auch zu den geistigen Vätern des Schweizerischen Bankvereins, der Schweizerischen Kreditanstalt, der Schweizerischen Sterbe- und Alterskasse – einer Vorläuferin der heutigen AHV – und des 1848 gegründeten Sparvereins rechnen. Wobei letzterer als Zweiggesellschaft der GGG seinerseits ein Vorläufer des erst 1865 ins Leben gerufenen

Basler Konsumvereins war, des ersten in der Schweiz. Speiser setzte sich intensiv mit der Zollfrage und der Münzreform (Vereinheitlichung der Schweizer Währung) auseinander. Seinen jahrelangen unablässigen Bemühungen verdankte es Basel, dass am 1. Dezember 1851 die alten Lokal- und Regional-Währungen gegen Franken und Rappen umgetauscht werden konnten, gegen jene neue, durch Speiser eifrig geförderte gesamtschweizerische Nationalwährung, die endlich dem unüberschaubaren Wechslerei-Wirrwarr ein Ende bereitete.

Vor Speiser hatte man noch mit Dublonen, Dukaten, ganzen, halben, gedrittelten und gesechselten Basler Thalern, mit Gulden, Schillingen, Kreuzern, Bluzgern, mit Duplex, Plaphart, Kronthalern, Louisdor, Böcken, Denaren, Vierfränklern, Batzen und Halbbatzen gerechnet – dank Speisers unermüdlicher Progagierung gab es schliesslich vom 1. Dezember 1851 an nur noch unsere Franken und Rappen.

Speisers «Bank in Basel» gab 1845 die ersten Basler Banknoten heraus – mit einer über der Stadt thronenden Basileia als Symbolfigur der Zuverlässigkeit.

Am 11. Dezember 1845 eröffnete ein von Strassburg her in den neuen Basler Bahnhof einfahrender Festzug auch in Basel das Eisenbahnzeitalter. Noch aber fehlte die Verbindung mit dem schweizerischen Hinterland. Speiser plädierte für «Staatsbau und Staatsbetrieb», der Nationalrat entschied jedoch 1852 gegen eine schweizerische Staatsbahn. Als man in Basel vernahm, dass Zürich unter Umfahrung von Basel eine badische Bahnlinie via Waldshut anstrebe, da versammelten sich am St. Jakobstage des 26. August 1852 unter Führung von Speiser, Schmidlin, Geigy und Bischoff 200 Interessenten zur Gründung einer Schweizerischen Centralbahn, d.h. einer Linienführung mit Einbezug von Basel, Baselland, Solothurn und Aargau.

Ankunft des Eröffnungszuges der Linie Strassburg–Basel am 11. Dezember 1845.

Nach vielen Schwierigkeiten wurde am 19. Dezember 1854 die Strecke Basel–Liestal eröffnet. Speiser reiste pausenlos umher, um die weitere Finanzierung zu sichern und den Bau neuer Strecken zu fördern.

Die Bahn erhoffte sich von den einzelnen Gemeinden Kostenbeiträge. Offenbar hatten Speisers Bemühungen in Muttenz und Pratteln keinen Erfolg – die Linienführung der Centralbahn liess nämlich diese Dörfer rechts liegen und errichtete die jeweiligen Stationen weit weg vom betreffenden Ortskern.

Im Sommer 1855 erkrankte der grosse Basler Wirtschafts-, Finanz- und Bahnpionier an Zungenkrebs. Nach einer ersten Operation ging es ihm wieder besser. «Der Gotthardtunnel wird und muss kommen», erklärte der

Energisch blickt der damals 39jährige Basler Wirtschaftspionier Johann Jakob Speiser auf dieser 1852 entstandenen Daguerrotypie in die Geschäftswelt.

Direktionspräsident der Centralbahn. Speiser sah seine SCB immer nur als Zufahrtslinie zum Gotthardtunnel.

In seinen letzten Lebensmonaten litt Speiser grosse Schmerzen. Er konnte nicht mehr sprechen und musste sich durch Zeichen und mittels einer Schreibtafel verständigen.

«Das Unglück hat viel Versöhnendes», schrieb er in jenen Tagen, «es regt das Weiche im Gemüte auf und wirft einen Schleier über die Mängel des Betreffenden.» Am 7. Oktober 1856 erschien noch ein Artikel von Johann Jakob Speiser über die Goldwährung in der «Neuen Zürcher Zeitung» – am 8. Oktober in früher Morgenstunde wurde er, im Alter von erst 43 Jahren, von seinem Leiden erlöst.

Sein grosses Lebenswerk hat ihm und Basel Ehre gemacht.

Speisers Merksätze sind auch heute noch beherzigenswert: «Man muss nur Sparen wollen – Sparen ist die Tochter der Entsagung und die Mutter der Selbständigkeit und sittlichen Freiheit.»

Johann Jakob Speiser propagierte energisch die Gründung von Gewerbeschulen für den Handwerkerstand, die Einrichtung einer schweizerischen Handelskammer, die Verbesserung des Schulwesens.

Als Experte des ersten schweizerischen Bundesrates (Furrer, Ochsenbein, Druey, Franscini, Frey-Herosé, Näff und Munzinger – mit letzterem unterhielt Speiser besonders herzliche Beziehungen) war der junge Basler «Gründervater» eine Persönlichkeit, die auch weit über die Kantons- und Landesgrenzen hinaus anerkennende Beachtung fand.

Speisers gesamtwirtschaftliche Tätigkeit, seine vielseitigen und profunden Kenntnisse von Handel und Verkehr, Finanzen und Gewerbe – und all dies in Relation zu seinem nur 43jährigen Leben – ergeben eine hochrangige, in Temperament und Beharrlichkeit typisch baslerische Originalität.

«Bei all seinen auf das Praktische gerichteten Neigungen fehlte Speiser nicht das Gemüt, und ging ihm nicht das Bewusstsein dessen ab, dass es über allem Verstand im Herzen etwas gebe, das erst das Leben schön und geniessbar mache.»

Anna Maurer-Syfrig
«'s Zyttigsanni»

Der Basler Journalist und Schriftsteller Rober B. Christ schlug einst als Konsul von Monaco dem Fürsten Rainier vor, ob er nicht seinen (Christs) Oldtimer gegen die Fürstin Gracia tauschen wolle…

Als «Glopfgaischt» widmete der Verfasser einer beliebten Baseldytsch-Kolumne in der alten «National-Zeitung» seine gewandte Feder verschollenen Basler Originalen.

Dank Informationen aus dem Leserkreis konnte Christ so in den Sechzigerjahren auch das Leben des legendären Zyttigsanni rekonstruieren:

«Um 's Johr 1914 isch 's Zyttigsanni, e Dochter vom ene Sigrischt z'Luzärn, vo Ziri uff Basel zooge-n-und het by-n-is am Rhy afoh Zyttige verkaufe – guet 20 Johr lang!

Unseri Luzärnere, mit em rächte Namme d'Anna Maurer-Syfrig, isch 1883 uff d'Wält ko. Im erschte Läbensjohr het 's Anni numme Milch drunke.

Speeter isch's derno e schaffigi, gwissehafti Frau worde, wo-n-im Ma e tadeloosi, blitzsuuberi Huushaltig gfiehrt het; Lyt, wo die Wohnig gseh hänn, sage, si syg suuber gsi wie uusbloose. Im Restaurant zer ‹Turnhalle›, an der Klybeckstrooss, soll 's Anni im zwaite Stock gwohnt ha.

Anna Maurer-Syfrig (1883–1935) war als «Zyttigsanni» nicht nur während zwei Jahrzehnten ein beliebtes Basler Stadtoriginal, sondern auch das witzige Vorbild für eine talentierte Schnitzelbänklerin gleichen Pseudonyms in unserer Gegenwart.

Viel Lyt bsinne sich no guet, wie's als der Dag duren-am alte Drammhysli am Seybi gstande-n-isch und mit eme gschmirte Muul d'Zyttig abrise-n-und bygenewys verkauft het. ‹Alles, wo bassiert isch, stoht drin!› het's gsunge-n-und ‹'s koscht fuffzäh Rappe. Die maischte gänn zwanzig›. E Huet het's agha und speeter au e Kappe mit eme Babbedeckel druff, wo-n-in grosse Buechstabe 's Wichtigscht uus dr Zyttig druffgstande-n-isch. Aber 's het au unermiedlig d'Runde dur d'Wirtschafte gmacht mit der Zyttig. Und das isch em vilicht zem Verhängnis worde: 's isch notinoh ins Sirpfle ko, do e Glas und dert e Scheppli.

Freygäbig und e guete Kärli isch's gsi. Meh as ai Arbetslose het als ebbis biko vom Zyttigsanni, und die Wittfrau, wo as Abwartsfrau im Reeseanum, im Elefantehysli, also: im alte Drammhysli am Seybi funktioniert het, isch em allewyl e Schisseli Milch, e Weggli und e Wurscht fir sy Hindli go go bsorge. Und 's Anni het eren-alli Dag nobel ebbis gäh derfir und e ‹Nazi-Zyttig› derzue.

Sy Walti, sy Ma, het, as e Monteur, e Modorveelo gha, und 's Anni het aifach emool gsait: ‹Das ka-n-ych au!›, isch druff gsässe-n-und, was gisch, was hesch, der Schindgrabe-n-ab in Rhy gsutteret dermit. Me het em uuseghulfe; 's het numme-n-e verschunde Bai gha und het glacht: ‹Jedes ander hätt jetz der Grind ab; aber im Zyttigsanni het's nyt gmacht.›

Mit alle-n-arme Lyt isch's guet gsi. Aber sälber het's au e Schutzängel gha an ere liebe Pfaarersfrau vo der Räbgass. Die isch fir 's Anni ygstande, wo me's wäge-n-em Durscht het welle-n-in en Astalt versorge-n-und het zue-n-em gluegt, dass es wider wyter het kenne go go Zyttige failha. 1934 haig's Zyttigsanni sälber im ene Fasnachtszeedel ‹dichtet›:

‹Drum suuff y jetzt kai Bier, kai Wy, und 's isch mer vögeliwohl derby!›

Am 28. Augschte 1935, am Morge-n-am Säxi, uff em Glareblatz, isch 's Zyttigsanni ganz bletzlig am ene Schlag gstorbe, wo's grad het welle-n-afoh schaffe.»

Solche Basler Originale der eher volksverbundenen Art prägen das Charakterbild unserer Stadt ebenso nachhaltig wie die bedeutenderen, prominenten Typen.

Wichtig bleibt so oder anders die spezifisch baslerische Unverwechselbarkeit, das Lokalkolorit.

Doktor Adam David
«Adi, der Afrikaner»

Originale – und zumal Basler Originale – müssen nicht immer «lupenrein», pflegeleicht und problemlos sein. Manchmal dürfen sie einem auch in ihrer interessanten Komplexität ein Rätsel werden, das nicht so ohne weiteres zu lösen ist.

Adam David, 1872 in Basel geboren, erwarb die Doktorwürde bereits 1894 im Alter von erst 22 Jahren in Zürich mit einer Dissertation über «Beiträge zur Kenntnis der Abstammung des Hausrindes».

Auf der Baumwollplantage eines türkischen Paschas in Ägypten verdiente sich «Adi» – wie er bald von seinen Freunden und Bekannten genannt wurde – sein Brot als «Agrikulturchemiker».

Seine Kompetenz wurde so geschätzt, dass er auch als landwirtschaftlicher Sachverständiger am internationalen Gerichtshof in Kairo zugezogen wurde.

Zusammen mit seinem Bruder Johann Jakob (er starb bereits 1908 im Belgischen Kongo) unternahm Adam David im Jahre 1900 eine erste Expedition nach Kordofan im Sudan. Zwischen 1906 und 1914 bereiste er als Jäger, Safariführer und Tierfänger das Gebiet des oberen Nil.

«Da sich mit seiner Jagdlust auch ein kaufmännischer Geschäftssinn verband, machte der wackere Basler auf mannigfaltige Art Geld: Da wurden Glasperlen gegen

Adam David, der einstige Basler Grosswildjäger, bekam 1954 den Radio-Preis für seine beliebte Vortragsserie «Dr Doggter David verzellt».

Straussenfedern verhökert, Felle und Elfenbein versilbert, da wurden kultische Gegenstände ebenso wie präparierte und lebende Tiere an Museen und Zoologische Gärten verkauft. Trotz seiner zoologischen Studien war David aber kein wissenschaftlicher Afrikanist – er sammelte, was gerade in Reichweite kam, ohne System.

Dem Basler Zolli verkaufte er 1912 für 15 000 Franken zwei Giraffen; zwei männliche Tiere notabene, denn an Zucht dachte man damals noch nicht.»

1908 und 1910 entstanden zwei Safarifilme (der Operateur der Pathé-Gesellschaft kurbelte den schweren Holzkasten noch von Hand), die Adam David auch zum Kinopionier werden liessen. Diese beiden ohne technische Tricks und Hilfsmittel produzierten Streifen wurden vor über 80 Jahren im Basler Kino «Fata Morgana» gezeigt und 1984 nochmals in der David-Gedächtnisausstellung im Naturhistorischen Museum präsentiert.

Als die Grosswildjagd wegen des Ersten Weltkriegs eingestellt wurde, liess sich David im Schweizerischen Nationalpark als Wächter engagieren. In diesem Kapitel seiner Erinnerungen kommt der zum Tierschützer gewordene Naturfreund auch auf die gespenstische Erscheinung der «Donna di Nüglia» zu sprechen und beschliesst diese Bündner Reminiszenzen mit dem arabischen Sprichwort «Wer lange lebt, sieht viel».

Adam David lebte in einer Zeit, wo ökologische Zusammenhänge noch nicht so klar waren wie heute und Artenschutz noch kein Thema bedeutete. Es gehörte damals zur männlichen Mutprobe einer geldstarken Bevölkerungsschicht, sich «Aug in Aug» mit «wilden Bestien» einen Kampf auf «Leben und Tod» zu liefern.

In seinem 1947 erschienenen Buch «Durch Dick und Dünn» ist sich Doktor David in hohem Alter der einstigen Jugendsünden gegen die Natur durchaus bewusst geworden:

«Der Stosszähne wegen wurden und werden die Elefanten verfolgt – ein Wunder, dass es noch welche gibt!

Der Jäger und seine Beute! Als Tierfänger bereiste «Adi» zwischen 1906 und 1914 das Gebiet des oberen Nil und drehte zusammen mit einem Operateur der Pathé-Gesellschaft zwei der ersten Afrika-Filme.

Doch ist seit der Gründung des Internationalen Naturschutzes Aussicht und Hoffnung vorhanden, dass unsere Dickhäuter noch während längerer Zeit ihre Fährten durch die Steppen und Wälder Afrikas und Indiens ziehen werden.»

Um den früher ausschliesslich in Afrika und nach dem Ersten Weltkrieg auch im Elsass jagenden Nimrod erzählt man sich heute noch fröhliche Anekdoten:

«Adi» beklagt sich darüber, dass bei der Hasentreibjagd das Wild durch das hektische Geschrei der Treiber gar nicht zugetrieben, sondern eher verscheucht worden sei.

Auch die übertriebene Höflichkeit der Jäger unter sich ging David gegen den Strich. Ständig habe ihm sein Nachbar grosszügig die im Visier stehende Beute mit seinem «A vous! – à vous, un lièvre!, à vous!» vermiest. «Ta gueule!, denkt unser Freund» (David meint sich selbst) «und sinkt resigniert in sich zusammen, denn die beiden Hasen haben schleunigst kehrt gemacht…»

Bald spricht Doktor David davon, wenn er im Elsass zu einer Jagdpartie eingeladen wird, er gehe «Avous» jagen…

«Adi», der eingefleischte Junggeselle, wurde einst von Freunden gefragt, ob er in seinen Erlebnissen nun die Löwen, die Krokodile, die Nashörner, die Schlangen oder die Elefanten am gefährlichsten einschätze. O nein, meinte er, so richtig brandheiss und am allergefährlichsten sei es geworden, als er sich einmal fast verehelicht hätte…

Um für seine Reisen zu sparen, konsumierte Doktor David beim Jassen am Stammtisch im «Storchen» zum Missvergnügen des Wirtes jeweils nur ein Glas Milch.

Einmal kam ein junger Geldbriefträger an die Güterstrasse 144, wo der berühmte Afrikakenner mit seiner Schwester wohnte.

Erst nachdem der Bote ein paarmal energisch geläutet hatte, erschien ein schäbig gekleidetes, verhutzeltes Männchen unter der Haustüre: «Was wänn Si?» Er habe ein per-

Adam David mit einem seiner «Büsi»...

sönliches Mandat für Dr. David, erklärte der Pöstler. «Gänn Si mer dä Klütter!» raunzte das Männlein. Nein, das gehe nicht, meinte der Beamte, er dürfe das Geld nur persönlich aushändigen.

Jetzt aber schwoll dem Schäbigen die Zornesader. Energisch drehte er sich um und wies seine Kehrseite mit geflicktem Hosenboden vor: «Luege Si do, am Fidle ha-n-i au no-n-e Schranz – aber wäge däm bi-n-i glych dr Doggter David perseenlig!»

David war es ein besonderes Vergnügen, seine Besucher im Herbst zur Zeit der Zwetschgenernte in seinen Garten zu locken. Er machte dann die Terrassentür auf und bat den Gast, ihm vorauszugehen, er komme gleich nach: «Gang numme-n-yne – 's Büsi macht der nüt!» Genüsslich grinste er dann, wenn seine Visite schreckensbleich in die Stube flüchtete, weil draussen unterm Baum mit den verlockenden blauen Früchten ein veritabler Leopard fauchte.

Doktor Adam David, «Adi, der Afrikaner», starb am 13. September 1959 im gesegneten Alter von 87 Jahren.

Ruedi Walter
«E Ma mit Härz, e Ma mit Pfiff»

Als Ruedi Walter 1976 (zusammen mit Margrit Rainer) zum ersten «Ehrespalebärglemer» ernannt wurde, besang der Basler Lokalpoet Blasius in einer gereimten Laudatio den beliebten Volksschauspieler:

> «I han e Frind syt vyle Johre,
> wo z Ziri läbt, sunscht isch er gsund.
> An ihn han i my Härz verlore,
> und doo derfir gits mänge Grund.
> I kenn en fascht e Mentschenalter
> und frai mi immer, wenn en driff.
> Was bsinnsch di! Sisch der Ruedi Walter,
> e Ma mit Härz, e Ma mit Pfiff.»

Apropos «Spalebärg»: Diese steile Basler Ladengasse wurde zum Schauplatz der legendären samstäglichen Radiosendung «Spalebärg 77a. Bis Ehrsams zum schwarze Kaffi». Von 1955 bis 1964 war diese Sketchserie eine Lieblingsrosine im Programmkuchen. Ruedi Walter schrieb die witzigen Dialoge sich und Margrit Rainer auf den Leib. So wirklichkeitsnah, dass bald einmal Hunderte von Hörer/innen vergeblich am Spalenberg nach der Wohnung des Ehepaares Ehrsam suchten…

Ruedi Walter mit seinem pfiffigen Schmunzeln – in der Rolle des Inkognito-Millionärs in einem Dialektstück nach Erich Kästners «Drei Männer im Schnee».

Ruedi Walter kam eigentlich in Solothurn zur Welt – am 10. Dezember 1916. Als Fünfjähriger zog er mit seinen Eltern nach Basel, absolvierte zwölf Schuljahre bis zur Handelsmatur, trieb sportliche (Handball, Leichtathletik) und musikalische (Klavier, Handharmonika) Hobbys und trat en passant bei Schul- und Vereinsanlässen auch als Schlagersänger auf.

Allererste Hobby-Theaterauftritte mit den Pfadfindern konkurrierten noch mit sportlichen Ambitionen. Seine Schwester berichtet: «Ruedi war Handballgoalie bei Rot-Weiss Basel. Oft machte ich die Zuschauer auf ihn aufmerksam: Der Goalie da, das ist mein Bruder! Ich war mächtig stolz auf ihn…»

Als kaufmännischer Praktikant in der Bäckereibranche und (nach Sprachstudien in Paris und London) als Sachbearbeiter für das Kontinentalgeschäft bei einer englischen Teefirma verdiente sich Ruedi Walter die ersten guten Zeugnisse. Als tüchtige Kraft in der Werbeabteilung der Maggi in Kemptthal erlebte er die letzten Friedensmonate an der «Landi» in Zürich.

Dann galt es für Ruedi Walter, jene gesalzene Suppe mitauszulöffeln, die Adolf Hitlers Weltmachtträume auch den Schweizern einbrockten. Hunderte von Diensttagen standen schliesslich im feldgrauen Büchlein des Wahlbaslers…

Seine Schwester Gertrud animiert ihren Bruder zum Schauspielunterricht bei Eva Bernoulli, Gustav Hartung und Margit von Tolnai. Der Direktor des Basler Stadttheaters, Oskar Wälterlin, sieht Ruedi Walter in einer Inszenierung von Frank Wedekinds «Kammersänger» durch die Hartung-Schule und will sofort einen Kontrakt abschliessen. Ruedi wagt aber den endgültigen Sprung auf die Bühne noch nicht. Tagsüber leitet er das Basler Maggi-Produkte-Depot, über Mittag probt er am Stadttheater von zwölf bis zwei.

1979 spielten Ruedi Walter und Margrit Rainer das Ehepaar in «Potz Millione!»

Sein Debüt ist die Rolle eines Edelmannes in Shakespeares «Cymbeline».

Im Herbst 1943 steht Ruedi Walter mit Alfred Rasser auf dem Cabaret-Kaktus-Podium im Basler «Gambrinus». Sie zeigen «Wenn die Blätter fallen» und «Halt auf Verlangen», gespickt mit mehr oder weniger diskreten Anspielungen auf die von «Drüben» und auf die nicht minder Trüben von Drüben bei uns…

1944 tingelt Walter anstelle einer «normalen» Dienstleistung mit der Soldatenbühne «Bärentatze» zu den Truppen «im Felde».

Man schrieb Silvester 1945, als bei der Uraufführung von «HD-Soldat Läppli» Ruedi Walter in der Rolle des Basler «Sprüchhuffe» Mislin zum ersten Male als «Vollprofi» agierte. Später folgte die Mitarbeit im «Demokrat Läppli». Insgesamt standen Rasser und Walter in diesen beiden Erfolgsstücken rund 600mal auf der Szene.

Es folgten 1948 Auftritte beim «Cornichon» (erstmals mit Margrit Rainer), 1950 im «Embassy» mit «Ganz unverbindlich» und «Schöni Luftballönli» und schliesslich die Tournee mit dem Zweipersonenstück «Das Himmelbett».

Für Ruedi Walter war brauner oder roter Faschismus «Hans was Heiri». Schon 1949 spielte er im «Cornichon» (das eben vom «Hirschen» zum «Neumarkt» zügelt war) in «…und zweitens als man denkt», respektive in «Nur für Erwachsene», wo er volksdemokratische Kerkerwächter anprangerte.

Die ideale Zusammenarbeit mit Margrit Rainer bewährte sich auch in Paul Burkhards «Kleiner Niederdorf-Oper», wo Walter eigentlich lieber den Gangster gespielt hätte und zur Heiri-Interpretation überredet werden musste.

Der «Schwarze Hecht» (1954), die Ehrsam-Radioserie (wie gesagt ab 1955) und unzählige Charakterrollen auch in klassischen Dramen rundeten das Bild des unerhört vielseitigen Künstlers.

Noch breitere Publikumsresonanz erreichte Ruedi Walter als Filmstar: In drei Gotthelf-Filmen («Käserei in der Vehfreude», «Geld und Geist», «Annebäbi Jowäger») zeigte er satte, träfe, lebensechte Prachtsfiguren. Fernsehinszenierungen von Weltklasse-Dramen liessen ihn beweisen, dass auch Mundart-Darsteller Weltliteratur vermitteln können.

Aus den Dutzenden von Prominenten-Zeugnissen über Ruedi Walter, die der Basler Verleger Ernst Reinhardt sammelte, präsentieren wir einen kleinen Zitate-Blumenstrauss zum Andenken des grossen Mimen, damit das resignierende Sprichwort von der Theaterschaffenden gegenüber angeblich so undankbaren Nachwelt einmal mehr Lügen gestraft wird:

Bundesrat Willi Ritschard:
«Seit vielen Jahren verpassen meine Frau und ich keine Gelegenheit, Sie, Ruedi Walter, zu sehen oder zu hören, wenn Sie am Fernsehen oder am Radio auftreten. Natürlich kennen wir auch alle Filme, in denen Sie spielten. Sie haben uns in unserem Leben viel Freude gemacht, und wir beide fühlten uns mit Ihnen immer dankbar verbunden.»

Sigmund Widmer, Zürcher Stadtpräsident:
«Für Hunderttausende sind Sie derjenige, welcher uns wie kaum ein anderer zeigt, wie wir sind – ein Mensch, der unser Denken und Fühlen auf der Bühne oder am

Als Heiri in der «Kleinen Niederdorf-Oper» machte Ruedi Walter (hier auf einem Fotomontage-Plakat für die vierte Zürcher Inszenierung des Erfolgsstückes im Jahre 1978) seinen berühmten Luftsprung: «Dr Heiri hett es Chalb verkauft!»

Fernsehen wiederzugeben vermag. Es gibt einen Ehrentitel für Ihre künstlerische Arbeit: Sie sind ein Volksschauspieler.»

Franz Schnyder, Film-Regisseur:
«Das Erstaunliche an Ruedi Walter ist, wie vollständig er sich mit einer Figur identifizieren kann. Er schlüpft ganz in die Haut des Menschen, den er spielt, und trifft genau den Ton, der zu diesem gehört. Darum spricht er auch berndeutsch wie ein Berner und zürichdeutsch wie ein Zürcher. Ruedi Walter ist seidenweich zu führen. Sein Gesicht, das mit so sparsamer Mimik soviel auszudrükken vermag, gibt dem Regisseur die Möglichkeit, immer wieder die Grossaufnahme einzusetzen.»

Inigo Gallo, Schauspieler und Regisseur:
«Ruedi ist ein sehr selbständiger Schauspieler, der vom Regisseur nur Ratschläge braucht. Bei ihm ist schon auf der ersten Probe alles ziemlich deutlich. Dann kommen während der Erarbeitung der Rolle immer mehr Lichtchen, und schliesslich glitzert es. Diskutieren, das mag er gar nicht. Wenn man ihn für ‹gehobenes Theater› anfragt, erkundigt er sich sofort: ‹Wer inszeniert's?› Nennt man den Namen, sagt er gleich: ‹Ist das wieder so einer, der diskutiert? Dann kommt es nicht in Frage. Ich will arbeiten, nicht reden…›»

Ulrich Kündig, Fernseh-Programmdirektor:
«Persönlich durfte ich Sie als grossen Künstler kennen und wertschätzen lernen, aber auch als empfindsamen und feinfühligen Menschen. Sie sind mir ein Beispiel dafür, wie sich Popularität und Noblesse verbinden lassen.»

Werner Wollenberger, Autor:

«Du magst die Menschen, und die Menschen mögen Dich, weil sie merken, dass Du sie magst. Lieblosigkeit ist Dir fern wie der Mars; auch wenn Du eine Figur in die Karikatur treibst, bewahrst Du ihr Menschenwürde. Dafür mag ich Dich. Und ich bewundere Dich, weil Du Dir das Leichte niemals leicht gemacht hast. Ich weiss es doch, Du leidest wie ein Hund vor Premieren, Du möchtest vor ersten Vorstellungen am liebsten auswandern und in Südfrankreich Taxichauffeur werden. Trotzdem bleibst Du bei der Stange, trotzdem überwiegt zum guten Ende immer wieder die Freude, die Du daran hast, Deinem Publikum Freude zu machen. Es ist ein Publikum, das so gross ist wie die Schweiz, und darauf könntest Du äusserst stolz sein – Du bist es aber nicht, Ruedi, denn noch im höchsten Triumph liegt Dir Überheblichkeit fern. – Mein Gott, Walter, was soll ich Dir noch sagen? Vielleicht dies: Ich gratuliere uns zu Dir.»

Als ich nach den Proben zum Musical «Bibi Balù» Ruedi Walter auf seine ebenso faszinierende wie verwirrende Vielseitigkeit ansprach – er spielte in diesem ergötzlichen und doch kritischen Stück sage und schreibe 17 (extrem) verschiedene Rollen – da meinte er mit einem fröhlichen Lächeln: «Dasch ganz aifach, ich schlupf halt immer in en anderi Huutt…» Welche darstellerischen und geistigen Welten zwischen diesen Interpretationen lagen, zeigt die entsprechende Personenliste: Walter spielte, nein lebte, einen Briefträger, einen Kellner, einen Barmixer, zwei Journalisten, einen Pfarrer, einen St. Galler, einen Radiosprecher, einen Briefmarkensammler, einen Zürcher, einen Fernsehregisseur, einen Polizeidirektor, einen Berner, einen Basler, einen Fernsehinspizienten, eine Stewardess und schliesslich noch (erfüllt von eigenen Jugenderinnerungen) einen Pfadfinder.

Solche Bravour- und Glanzleistungen machten Ruedi Walter ganz besonders Spass: Bei der ersten Fernseh-Jass-Sendung spielte er ausser sich selbst noch neun weitere Charaktertypen. Mit Schnauz und Bart und Perücken, vor allem aber mit Leib und Seele «garnierte» er Jasser (und auch eine Jasserin…) so prägnant und facettenreich, dass man sich nach jedem Auftritt staunend fragte, was denn da noch alles an runden Prachtsfiguren aus dem Bildschirm in die Schweizer Stuben springen würde.

Zu seinen reifsten Leistungen zählten der Estragon in «Warte uf de Godot», die Molière'schen Dialektvarianten «Dr Gyzgnäpper» und «Dr gsund Paziänt» und meines Erachtens auch der witzige Kriminalkommissar in der ARD-Krimi-Serie «Ein Fall für Männdli».

Ein Herzinfarkt Ende der siebziger Jahre und der Tod seiner Partnerin Margrit Rainer im Frühjahr 1982 bedrückten Ruedi Walter so intensiv, dass Kolleginnen und Kollegen befürchteten, er könnte sich von diesen Schicksalsschlägen nicht mehr ganz regenerieren.

Trost und neue Hoffnung schöpfte der Schauspieler im Kreise seiner Familie in Gockhausen. Beruflich waren es neue Aufgaben (u.a. in dem für ihn geschriebenen neuen Basler Dialektspiel «Dr neu Noah» von Urs Widmer) und vor allem die (längst verdiente) Verleihung des Hans Reinhart-Ringes der Schweizerischen Gesellschaft für Theaterkultur für das Jahr 1984, die den letzten Lebensjahren Ruedi Walters Auftrieb, Inhalt, Reife und Genugtuung vermittelten.

Das feinsinnige, kluge, humorvolle (keiner konnte so brillant gute Witze erzählen wie er) und als Mensch und Künstler bedeutende Schweizer Original Ruedi Walter starb am 16. Juni 1990 in Basel.

Treffender und reimsicherer als Blasius es 1976 bei der «Ehrespalebärglemer»-Würdigung für Ruedi Walter und Margrit Rainer formulierte, kann man das theatralische Wirken der Beiden nicht charakterisieren:

«Wär ka scho Eyri Wält beschrybe!
Es isch e ganzes Läbeswärk:
vom Cabaret zuer Färnsehschybe,
vom Schauspilhuus zuem Spalebärg.
Und s ‹Uusverkauft› am Billetschalter
isch gsi derfir Bewys und Tescht.
Mit Margrit Rainer – Ruedi Walter,
do het me gwisst, es kunnt nur s Bescht!
Wär Witz het, mues en nit go stähle.
Ihr hänn en zaigt mit Härz und Hand.
Hätt's Eych nit gä, e Liecht wurd fähle
z Helvezie im Theater-Land!»

Hoffentlich verzeiht es mir der inzwischen auch schon verstorbene Blasius, dass ich mir erlaubt habe, seine Laudatio durch kleine Veränderungen in einen Nachruf umzuwandeln…

In der ersten Fernseh-Jass-Sendung stellte Ruedi Walter sich selbst und verschiedene Typen dar. Seine Wandlungsfähigkeit hat immer wieder Regisseure, Kollegen und – vor allem – das Publikum verblüfft.

Theophil Gubler
Sportler und Sparer

Er ist ein Alleskönner: Als Velo-, Tandem- und Hochradfahrer, als Frühautomobilist und per pedes durchquert er Europa, Afrika und die Vereinigten Staaten, er fliegt mit Oskar Bider als erster Schweizer Luftreporter, er besteigt über hundert Schweizer «Top»-Gipfel, kann konzertreif Klavier spielen, spricht deutsch, französisch, englisch, spanisch, holländisch, alt- und neugriechisch und promoviert schon als 23jähriger in Oxford mit einer Sanskrit-Dissertation zum Dr. phil.

Als wohlbestallter Basler Gymnasiallehrer redigiert er (und schreibt insgeheim) das «Neue Schweizerische Sportblatt» und ab 1903 die «Sportwochenschau» der NZZ.

Er kennt die «Aviatiker» Kimmerling, Grandjean, Réal, Borer und Liwentaal und schreibt 15 eigentliche Pionier-Bücher über Fahrrad- und Autoverkehr, darunter den Standard-Bestseller «Der Kampf um die Strasse».

Noch mit 65 Jahren schafft der quirlige Theophil das Sportabzeichen in neun Sparten.

Dr. Gubler korrespondiert mit Max Müller, dem englisch (und indisch: Mokscha Mulara = Wurzel der Erlösung) naturalisierten Sohne des deutschen Dichters Wilhelm Müller («Am Brunnen vor dem Tore…»).

Theophil Gubler, der Sprachenkenner und Verkehrspionier, im selbstgebastelten Energiesparanzug während des Zweiten Weltkrieges.

Im Zweiten Weltkrieg wird «T.G.» auch noch zum Energiesparer par excellence: Der superisolierte, wattierte «Allzweckanzug» für Haus und Hof macht ihn und seine Töchter zu vielgelobten Vorbildern des Brennmaterialsparens.

William Burkhard
Nobelpreis-«Kandidat»

Er war viel, wenn man seinen Schriften glaubt: Gründer der «Internationalen Republik-Organisation IRO», Basler Regierungsrats-, Ständerats- und Grossrats-Kandidat in Permanenz, «Nobelpreisträger-Anwärter für Physik», Strafrichter-Kandidat, «Dozent der Universität Basel» und Gründer der «Internationalen Atheisten-Partei IAP».

Burkhards Vater war wegen Unterschriftenfälschung verurteilt worden, seine Mutter soll nach einem Mordversuch an William in die Psychiatrische Klinik eingeliefert worden sein: «Mit einem grossen Stein schlug sie mich ohnmächtig und deckte mich dann in einer Grube mit Kehricht zu. Nach einigen Tagen kam eine Ratte und biss mir ins Ohr, um zu fressen. Dabei erwachte ich. Ich kam ins Spital, wo ich mich wieder erholte…»

Als 72jähriger will Burkhard die 17jährige Erika S. heiraten. In seiner in Hunderten von Exemplaren verbreiteten Zeitschrift «Exaktes Wissen» antwortet der Brautwerber öffentlich auf den Absagebrief des Teenagers und erneuert sein Anerbieten zur Eheschliessung. Jetzt wird der Vater von Erika (mit eingeschriebenem Brief) unmissverständlich deutlich: «Sollten Sie nicht sofort mit den Belästigungen meiner Tochter gegenüber aufhören, bin ich genötigt, gegen Sie härtere Schritte zu unternehmen. Sie sollten sich ehrlich schämen, als alter Mann

Kritik!

Freitag, den 19. September, erschien im Baslerstab Stadtausgabe sowie in der Regioausgabe folgendes Inserat:

«Wählt Schriftsteller William Burkhard»,

Gründer der «Internationalen Republik Organisation IRO» als **Strafrichter** und als **Nobelpreisträger 1986** für Physik!

Als Verfasser und Herausgeber seines 490seitigen Lehrbuches «Weltall, Sprache, Physik» und seinen vielen Tausenden Lehrschriften beweist Herr Burkhard unwiderlegbar, dass Gott **nicht** der Schöpfer der Welt ist und dass Jesus nicht der Sohn Gottes ist!

Das Inserat wird am 24. September in der Baslerstab Stadtausgabe und in der Regioausgabe nochmals erscheinen.

Freitag, Samstag und Sonntag, 26., 27. und 28. September, findet die Ersatzwahl für zwei Strafrichter statt. Für den Erhalt dieses Amtes kandidieren drei Männer und fünf Frauen, und zwar:

1. Schriftsteller William Burkhard; 2. Grossrat Eric Weber; 3. Rainer Zimmermann; 4. Frau Müller-Hess; 5. Frau Pia Gengenbacher; 6. Frau Gertrud Zeugin; 7. Frau Dr. Dorothea Baerlocher; 8. Frau Franziska Genitsch-Hofer.

Da die Frauen Müller, Zeugin und Gengenbacher glauben, Gott sei der Schöpfer der Welt und Jesus sei der Sohn Gottes, sind die Kandidaturen dieser Frauen in Wirklichkeit ungültig. Die Ungültigkeit müsste aber durch einen Prozess als ungültig erklärt werden. In Zukunft werden nur noch Atheisten kandidieren können.

Es ist leicht zu beweisen, dass Gott nicht der Schöpfer der Welt ist. Nämlich, hätte Gott ein Tätigkeitsvermögen, müsste er einen Körper aus Substanz haben. Es gibt aber keinen Körper, den man Gott nennen könnte. Die Welt wird in die Übernatur und in die Natur eingeteilt.

Die Übernatur ist der ungeborene Urgaskörper. Er besteht: 1. Aus dem unendlich grossen Weltraum, 2. dem Urgas, 3. der Kälte, 4. der Dunkelheit und dem Gewicht des Urgases und 6. der Schwerkraft.

Die Natur besteht aus geborenen Gestirnen und ihren Wesen. Es gibt vier Arten von Gestirnen, und zwar: 1. Die Sonnenfeuerkörper, 2. die Planeten, 3. die Monde und 4. die Kometen.

Nicht nur die Theologie beruht nicht auf Wahrheit, sondern auch die Physik ist grösstenteils falsch. Besonders ist die bisherige Licht- und Lichtgeschwindigkeits-Lehre falsch. Unsinn ist die bisherige Lichtdefinition: Das Licht sei elektromagnetische Wellen. Das Licht ist ein Zustand der Glüh-, Leucht- und der flammenden Feuerkörper. Das Sonnenlicht braucht nicht 8½ Minuten, um von der Sonne auf die Erde zu gelangen, sondern es kommt als Sonnenrotationsfliehkraft auf die Erde.

William Burkhard

William Burkhard, ein Desperado unter den Basler Originalen, sorgte mit seinen hartnäckigen politischen und publizistischen Aktivitäten vor allem für Eigenwerbung.

einem so jungen Mädchen nachzustellen. Bei Ihnen fehlt wirklich der Herrgott, Sie haben Ordnung nötig. Sollten Sie je wieder in Seewen erscheinen, dann müssen Sie unbedingt mit einem Kilo Prügel rechnen, wenn das Schreiben nichts nützt!» Burkhard resigniert («Ich habe keine Lust, verprügelt zu werden...»), rächt sich aber in der nächsten Nummer seiner Zeitschrift mit einer physikalischen Abhandlung «Was ist das Loch?»

1967 gibt der «exakt wissenschaftliche Schriftsteller» sein 490 Seiten umfassendes Lehrbuch «Weltall, Sprache, Physik» im Eigenverlag heraus. Dieses Werk versendet er an Gelehrte, Politiker und Journalisten und fordert von jedem Adressaten das schriftliche Einverständnis und die bedingungslose Anerkennung der Burkhardschen Thesen. Zuerst legt sich der streitbare Greis mit Professor Dr. Paul Huber vom Physikalischen Institut der Universität Basel an. Er bezeichnet ihn als Scharlatan und seine Grundsätze als Falschheiten, Irrlehren und Hirngespinste.

Burkhards Argumentationen verleiten ihn zu aggressiven Behauptungen:

«Es ist leicht zu beweisen, dass Gott nicht der Schöpfer der Welt ist. Nämlich, hätte Gott ein Tätigkeitsvermögen, müsste er einen Körper aus Substanz haben. Es gibt aber keinen Körper, den man Gott nennen könnte. Die Welt wird in die Übernatur und in die Natur eingeteilt:

Die Übernatur ist der ungeborene Urgaskörper. Er besteht: 1. Aus dem unendlich grossen Weltraum; 2. dem Urgas; 3. der Kälte; 4. der Dunkelheit und dem Gewicht des Urgases und 6. der Schwerkraft.

Die Natur besteht aus geborenen Gestirnen und ihren Wesen. Es gibt vier Arten von Gestirnen, und zwar: 1. Die Sonnenfeuerkörper; 2. die Planeten; 3. die Monde und 4. die Kometen.

Nicht nur die Theologie beruht nicht auf Wahrheit, sondern auch die Physik ist grösstenteils falsch. Besonders ist die bisherige Licht- und Lichtgeschwindigkeits-Lehre falsch. Unsinn ist die bisherige Lichtdefinition: Das Licht sei elektromagnetische Wellen. Das Licht ist ein Zustand der Glüh-, Leucht- und der flammenden Feuerkörper. Das Sonnenlicht braucht nicht 8½ Minuten, um von der Sonne auf die Erde zu gelangen, sondern es kommt als Sonnenrotationsfliehkraft auf die Erde.»

1976 sendet Burkhard sein Lehrbuch an Papst Paul VI. und erklärt dem Heiligen Vater kategorisch, es gebe keinen Gott; den Amerikanern wirft er vor, sie beabsichtigten, in Europa den Zarismus einzuführen. Im gleichen Jahre kandidiert der «Anwärter für den Nobelpreis» wieder einmal als parteiloser Basler Regierungsrat. «Dann habe ich endlich die Möglichkeit, an der Universität Basel Ordnung zu schaffen», schreibt der streitbare Kämpe, der sich besonders an die Wählerinnen wendet.

Burkhard bombardiert Dutzende von Gremien und Gruppen ungefragt mit seinen Pamphleten. Das trägt ihm manchmal auch eine im gleichen angriffigen Stil geschriebene Antwort ein. Am 24. Mai 1978 erhält der «Unphysiker» und «Unexakte Wissenschaftler» (so die ironische Adressierung) Schimpfpost vom AMIV, dem Akademischen Maschinen- und Elektro-Ingenieur-Verein ETH aus Zürich: «Wir bestellen Ihre Publikationen ‹Weltrepublik› und ‹Uni-Nachrichten› ab, da wir bis heute nichts ernsthaft Wissenschaftliches darin gefunden haben, sondern nur unbrauchbares Gefasel eines masslosen Schwätzers. Wir interessieren uns weder für Ihre sinnlosen Zänkereien mit Basler Professoren noch für Ihre pseudowissenschaftlichen Thesen. Sparen Sie sich den Versand Ihres Käseblättchens – es wandert bei uns doch nur in den Papierkorb!»

Burkhard antwortet – wie immer – mit einer «öffentlichen Strafklage», begründet mit den Paragraphen 303,

307, 173, 174 und 148. Auch Professor Hans Rudolf Striebel, der damalige Vorsteher des Physikalischen Instituts der Universität Basel und spätere Regierungsrat (weil er die Anerkennung der Burkhardschen Lehre ablehnt), die «Neue Zürcher Zeitung» («wegen Volksverdummung, Betrügerei und Schwerverbrechen»), Rektor H. Grob von der ETH («weil er sich weigert, dass ich ihm einen Versuch mit einer brennenden Kerze vorführe») und schliesslich die «Basler Zeitung» («weil sie in einem Artikel in verbrecherischer Art und Weise lügt, ich sei nur aus Jux und Tollerei als völlig chancenloser Ständeratskandidat aufgestellt worden») – sie alle werden von Burkhard mit «öffentlichen», aber nie gerichtlich eingereichten Strafklagen verfolgt.

Da Burkhard die Adressaten dieser Anschuldigungen stets auch mit groben Beschimpfungen coram publico in seinen überall aufliegenden vervielfältigten Publikationen eindeckt, kommt es zu einer Strafklage wegen falscher Anschuldigung, ausgesprochen vom damaligen Leitenden Basler Staatsanwalt. Bald jedoch wird das Verfahren eingestellt, «weil der Angeschuldigte nicht fähig ist, das Unrecht seiner Handlungsweise einzusehen».

Mit diesem «Persilschein» der gegenüber «Einzelmasken» ausserordentlich toleranten Basler Justiz legt Burkhard nun erst richtig los. Er gründet am 25. August 1979 den «Verein für das Verbot sämtlicher Religionen», beschimpft die eidgenössischen Parlamentarier in Bausch und Bogen als «pfäffische meineidige Handlanger, Hampelmänner und Hampelweiber», klagt den Bischof von Basel und Solothurn, den Theologieschriftsteller Hans Küng, Papst Johannes Paul II., den Basler Ständerat Carl Miville, viele Redaktoren und Journalisten und das halbe Basler Kantonsparlament wegen Verleumdung an. Als «provisorische internationale Gerichtsbarkeit zur Beurteilung meiner Strafklage» ernennt Burkhard SP, POCH und Partei der Arbeit, in Personal- respektive

Justizunion mit dem Gesamt-Bundesrat und den Botschaftern der Bundesrepublik, der Sowjetunion und der Volksrepublik China.

Das überaus streitbare Basler Original zeigt sich nun immer aggressiver: Verschiedene prominente Basler werden «zum geistigen Duell auf Leben und Tod» herausgefordert. Als den Angeschuldigten die dauernde Korrespondenz zu dumm wird, steigert Burkhard das Verdikt: «Sollten Sie mir auf diesen Rückschein nicht antworten, beantrage ich für Sie, Bundesrat Furgler und Rektor Lochman von der Basler Universität, die Todesstrafe!» Im Oktober 1988 erlässt Burkhard in der Basler Presse als Inserat einen «Aufruf an die Menschheit! Hundertprozentige Beweiserbringung, dass Gott und Jesus nicht existieren! Mit der exakt wissenschaftlichen Begriffsbestimmung der Wörter der zehn Wortarten kann ich hundertprozentig beweisen, dass Gott und Jesus nicht existieren!»

Mit seinem «Aufruf an die Menschheit» vom 6. Oktober 1988 erreichte Burkhard vorerst einmal die Leserschaft des «Doppelstab»...

Aufruf an die Menschheit! Hundertprozentige Beweiserbringung, dass Gott und Jesus nicht existieren!

Mit der exakt wissenschaftlichen Begriffsbestimmung, der Wörter der 10 Wortarten, kann ich hundertprozentig beweisen, dass Gott und Jesus nicht existieren! Die Wörter werden weiter in 4 Gattungsarten von Sein eingeteilt. Jedes Wort ist entweder ein Name eines Körperbestandes, eines Zustandes, eines Umstandes oder eines Nichtseins der vier Gattungsarten von Sein! Gott und Jesus sind keine Namen von einem Körperbestand, einem Zustand oder einem Umstand, folglich sind sie keine Namen eines Bestehens, d.h., sie existieren nicht! William Burkhard, Schriftsteller, Landskronstrasse 26, Basel.

«Geheimnisse des Weltalls» von William Burkhard (91 Seiten). Erschienen im Eigenverlag, Zürich, 1939.

Noch im März 1989 sucht der unverwüstliche Streithahn als 93jähriger eine tüchtige, ledige(!) Sekretärin – «Einzimmerwohnung vorhanden». Resigniert konstatiert Burkhard in seiner (letzten) Broschüre: «Es meldete sich niemand...»

Als das quirlige Original Ende Oktober 1992 starb, widmete ihm die «Basler Zeitung» einen verständnisvoll-toleranten Nekrolog:

«Im Alter von 96 Jahren verstarb in diesen Tagen William Burkhard. Noch vor wenigen Monaten war es unmöglich, an ihm vorbei in den Sitzungssaal des Grossen Rates zu kommen. Unbeirrbar rang er trotz wachsender Behinderung gegenüber Gross- und Regierungsräten, insbesondere gegenüber Journalisten, zeitweise auch mit Ständerats- und Regierungsratskandidaturen, um Anerkennung seiner Thesen über Weltall, Sprache, Physik, Nichtexistenz Gottes.

William Burkhard absolvierte in seinen jungen Jahren mit Erfolg eine kaufmännische Ausbildung, wanderte dann nach Lateinamerika aus, wurde nach seiner Rückkehr im Jahre 1934 für geisteskrank erklärt und entmündigt. In den Kriegsjahren war er in verschiedenen Psychiatrischen Kliniken interniert. In den fünfziger Jahren gelangte er nach zahlreichen seiner heftigen Proteste wieder zur Freiheit und verfasste schliesslich seine Publikationen. Einer erneuten Internierung im Jahre 1972 widersetzte sich die damalige ‹National-Zeitung› unter dem Titel ‹Der alte Mann und das Ämtermeer›. Dank Interventionen von Nationalrat Andreas Gerwig wurde er wieder in die Freiheit entlassen, und es gelang ihm im Jahre 1974, von der Vormundschaft freizukommen.

Hinter der Heftigkeit vieler seiner Publikationen standen somit bittere Erfahrungen. Mit seinen in wissenschaftlicher Hinsicht absurden Thesen verteidigte er eigentlich die verlorene Fassbarkeit der Wirklichkeit gegenüber einer auf Abstraktionen aufgebauten Wissenschaft.»

Josef Emter
Der Mann mit den steinernen Muskeln

Zwischen 1912 und 1920 trat der am 6. Juni 1892 geborene Josef Emter unter dem Künstlernamen «Petrifion» im In- und Ausland auf. Durch intensives Krafttraining hatte der junge Artist eine totale Kontrolle seiner Muskeln erreicht. Das Publikum rätselte, ob es jetzt einen lebendigen Menschen aus Fleisch und Blut oder eine Wachspuppe vor sich habe. Emter beherrschte zum Beispiel seine Bauchmuskulatur so perfekt, dass er auf der Bühne damit ein Auto heben konnte. Als 70jähriger sass «Petrifion» friedlich in einer Festwirtschaft, als ihn ein junger Bluffer zum Boxkampf herausforderte. Emter wies vorerst korrekt auf seine ausserordentlichen Eigenschaften hin, konnte den streitlustigen Gegner aber nicht vom «Duell» abhalten. Sobald jedoch der hitzige Kampfhahn «Petrifion» einen Faustschlag in den Bauch versetzen wollte, schlug er sozusagen auf Granit und brach sich die Hand. Wenige Jahre vor seinem Tode (am 9. September 1970 in Basel) spielte Josef Emter noch einmal den steinernen Mann, dem man übrigens auch die Augen berühren konnte, ohne dass er blinzelte…

Josef Emter, alias «Petrifion», ein Mann mit ganz besonderen Fähigkeiten...

Wibrandis Rosenblatt
Eine Frau und vier Männer

Im Juni 1504 waren in Eichsel und auf der Chrischona die «hochverehrten Frauen» Mechtundis, Kunegundis, Christiana (Chrischona) und Wibrandis vom päpstlichen Kardinallegaten Raymundus Peraudi in ihrer Heiligkeit bestätigt worden. Der Basler Bischof Christoph von Utenheim segnete die Reliquien in Gegenwart einer grossen Volksmenge ein.

Ritter Hans Rosenblatt, dem Schultheissen von Säckingen, wurde in eben diesem Sommer von seiner Gattin Magdalena, einer geborenen Strub aus Basel, ein Töchterchen geschenkt. Was lag da näher, als es auf den frisch aktualisierten Namen Wibrandis zu taufen?

Hans Rosenblatt, ein Haudegen in Diensten des Kaisers, hatte früher bei der Eroberung der Festung Kufstein mitgefochten. Als seine Tochter 17 war, bekam ihr Vater «als Ablösung unerledigter Soldansprüche» von Kaiser Karl V. ein herrschaftliches Gut angewiesen. Mutter Magdalena jedoch zog die Stellung einer Basler Bürgersfrau derjenigen einer österreichischen Schlossherrin vor.

So wuchs Wibrandis im Hause zum Kienberg am Barfüsserplatz auf. Tausend Wochen alt heiratete sie 1524 den «feingebildeten Magister der freien Künste» Ludwig Keller. Nach der Geburt einer zweiten Wibrandis starb der Gatte jedoch schon 1526.

Nach einem Miniaturbildnis (vermutlich von Holbein, auf Schloss Langenberg) gestaltete der Liestaler Künstler S. Gysin diesen Kupferstich der Gattin von vier Männern (wovon drei prominente Reformatoren). Wibrandis schenkte ihren Gatten insgesamt elf Kinder. Die «liebliche Rose» war erst 47 Jahre alt, als sie zum vierten Male Witwe wurde.

1528 heiratete Johannes Oekolampad die 24jährige Witwe Wibrandis Keller, geborene Rosenblatt. In den drei Ehejahren mit dem fast doppelt so alten berühmten Reformator wurden ein Knabe und zwei Mädchen geboren, aber schon 1531 war Wibrandis zum zweiten Male Witwe.

Im Januar 1527 diskutierte der Basler Reformator Johannes Oekolampad mit dem befreundeten Oberstzunftmeister Jakob Meyer zum Hirzen über seinen Wunsch, sich zu verehelichen. Einstweilen jedoch war dazu kein dringlicher Anlass, denn noch besorgte ihm seine Mutter den Haushalt im Pfarrhause zu St. Martin. Als sie jedoch im Februar 1528 starb, führte der 46jährige Oekolampad bereits einen Monat später die jetzt 24jährige Witwe Wibrandis zum Traualtar. Bonifacius Amerbach machte sich über den Altersunterschied lustig, und auch Erasmus von Rotterdam spöttelte:

«Oekolampad hat ein hübsches Mädchen geheiratet. Ich glaube, er will sein Fleisch kreuzigen. Viele sprechen von der lutherischen Sache als einer Tragödie; mir will sie eher als eine Komödie erscheinen, sintemalen sie jeweilen mit einer Hochzeit schliesst.»

Martin Luther in Wittenberg jedoch begrüsste diese Vermählung seines Basler Mitstreiters, Zwinglis Gattin sandte Grüsse aus Zürich.

Im Hause Oekolampads bewirtete Wibrandis die reformatorische Prominenz jener «heissen» Jahre: Zwingli aus Zürich, Servet aus Genf und die beiden Strassburger Glaubensgenossen, die später ihre nächsten Gatten werden sollten: Capito (Wolfgang Koepfel) und Martin Bucer.

Schon am Weihnachtsabend 1528 kam das erste Kind dieser zweiten Wibrandis-Ehe zur Welt: Eusebius. Im September 1529 zogen Oekolampad und Zwingli zu «aufregenden und anstrengenden» Verhandlungen nach Marburg zu Luther. Im März 1530 wurde Irene Oekolampad getauft, und als ihr Vater im Sommer 1531 von Ulm heimkehrte (das er mit Bucer von Strassburg und Blarer von Konstanz dem neuen Glauben zugeführt hatte), lag wieder ein Mädchen in der Wiege: Aletheia. Als dann der Basler Hauptreformator im September 1531 in seinen beiden Rebgärten (einem vor dem Steinen-, und einem vor dem Albantor) fröhliche Weinlese feiern konnte, ahnte die Familie noch nichts vom schnell heraufziehenden Verhängnis.

Im Oktober des gleichen Jahres fiel Zwingli im Zweiten Kappeler Krieg. In einem weiteren Gefecht der Glaubensfehde erlitten auch die Basler eine Niederlage, wobei Hieronymus Bothanus, Oekolampads Freund und Helfer zu St. Alban, sein Leben verlor. Oekolampad selber, seelisch und (durch ein böses Geschwür) körperlich betroffen, wurde zusehends schwächer. «Ganz Basel nahm an der Erkrankung des teuern Mannes Anteil. Der Rat ermahnte die Ärzte, alle Mittel ihrer Kunst aufzubieten, um das edle Leben zu retten.»

Frau Wibrandis wich nicht vom Krankenlager ihres Gatten, bis er am 23. November 1531 (andere Quellen notieren den 24. 11.) im Morgengrauen verschied. «Herr Jesu, hilf mir aus!» waren seine letzten Worte.

Zu gleicher Zeit hatte auch Capito in Strassburg seine geliebte Frau Agnes verloren. Freunde versuchten nun, den durch den Tod Zwinglis und Oekolampads und den Hinschied seiner eigenen Gattin schwermütig gewordenen Capito mit der zum zweitenmal den Witwenschleier tragenden Wibrandis zu verbinden, weil so auch für die Waisen «des so grossen Heroldes Christi» (Oekolampad) gesorgt wäre. Capito kannte ja von früheren Besuchen in Basel her Frau Wibrandis schon und er wusste auch um ihre Vertrautheit mit allen Anliegen der Reformation.

Im April 1532 schloss Wibrandis (28) ihren dritten Ehebund und zügelte als Pfarrfrau von Jung-St. Peter mit ihren vier Kindern (Wibrandis aus der Keller'schen Ehe und Eusebius, Irene und Aletheia Oekolampad) sowie mit ihrer Mutter Magdalena nach Strassburg. Zwei Knaben und drei Mädchen waren die leibliche Frucht dieser zweiten Reformatoren-Gemeinschaft. Frau Wibrandis hatte neue Sorgen durch zahlreiche Krankheiten ihres Gatten und durch finanzielle Nöte infolge von Bürgschaften, die der gutherzige Strassburger Pfarrherr eingegangen war.

Anfang 1541 verheiratete sich Frau Capitos erste Tochter, Wibrandis Keller, zur grossen Freude ihrer Mutter mit dem Strassburger Gürtler Hans Jeliger.

Im Sommer 1541 aber nahte sich – am ganzen Oberrhein – neues Verhängnis: die Pest.

Der Basler Chronist Christian Wurstisen berichtet von ihrem Wüten:

«Im Sommer Anno 1541 erhube sich am Rheinstrom pestilentzische Sucht; zu Strassburg sturben dreytausendzweyhundert Menschen, nicht minder zu Colmar, zu Rheinfelden siebenhundert, zu Basel auch eine ziemliche Anzahl…»

So starb auch Capito in seinem 63. Altersjahr – «ein Mann von echt apostolischem Geist, herzgewinnender Liebe und duldsamer Frömmigkeit; auch als Familienhaupt untadelig».

Frau Wibrandis verlor durch den «Würgeengel» zudem ihre Kinder Eusebius Oekolampad, Wolfgang Christoph Capito und Dorothea Capito.

Der Reformatoren-Kollege Martin Bucer beklagte den Tod von vier Kindern. Seine Gattin Elisabeth, «ebenfalls mit der giftigen Krankheit ringend», liess Frau Wibrandis an ihr Sterbelager bitten und flehte sie an, sie möge, weil sie jetzt sterben müsse, im Hause Bucer an ihre Stelle treten. Nicht minder dringend bat sie ihren Gatten, sich nach ihrem Tode in Frau Wibrandis eine neue Lebensgefährtin zuzugesellen.

Am 16. April 1542 schloss Frau Wibrandis ihren vierten Ehebund – den dritten mit einem der prominentesten Reformatoren. Er war 51 und bezog für seine erst 38jährige neue Frau, deren Mutter und die vier Kinder aus früheren Ehen den Dechaneihof gegenüber der Strassburger Thomaskirche, da er eben erst – im Zuge der Neuordnung des Stiftes – zum Dekan gewählt worden war. Martin Bucer war unermüdlich tätig und zeugte mit seiner Wibrandis auch noch zwei Kinder. Petrus Martyr Vermigli, einer der in der Dechanei gastfreundlich aufgenommenen Glaubensflüchtlinge, lobte den fleissigen Reformator:

«Nie habe ich Bucer müssig gesehen; entweder er predigt oder er kümmert sich um die Ordnung und Leitung der Kirche. Die Nacht wendet er an das Studium und Gebet. Selten bin ich aufgewacht, ohne dass er selber noch wachte…» Schon 1541 hatte Bucer ein neues evangelisches Kirchengesangbuch herausgegeben, 1543 folgte sein Katechismus. Als nach dem Schmalkaldischen Krieg 1546/47 der erzkatholische Kaiser Karl V. (der seinerzeitige «Arbeitgeber» von Wibrandis' Vater Hans Rosenblatt) Strassburg besetzte und das für die Reformierten ungünstige «Augsburger Interim» 1548 folgte, floh Bucer als besonders exponierter Protestant nach England. Er hätte auch nach Genf zu Calvin oder nach Wittenberg zu Melanchthon ziehen können. Zu England jedoch hatte er schon Beziehungen, seitdem er als Mönch die «Utopia» von Thomas Morus gelesen hatte.

Martin Bucer wurde am 5. Mai 1549 vom damals erst zwölfjährigen, dem neuen Glauben wohlgesinnten König Eduard VI. empfangen. Der mit Bucer befreundete Erzbischof von Canterbury, Thomas Cranmer, sorgte mit anderen reformationsfreundlichen Engländern dafür, dass

Wibrandis heiratete sozusagen quer durch die Reformatoren-Prominenz und war ihren Gatten eine auch in Religionsfragen sachkundige Beraterin. Johannes Oekolampad, Wolfgang Capito und Martin Bucer verdankten viel von ihrer Wirksamkeit und reformatorischen Resonanz ihrer gemeinsamen tüchtigen Gemahlin.

das Inselreich zwischen 1550 und 1553 dem evangelischen Gedankengut erschlossen wurde. Im Sommerpalast des Erzbischofs übersetzte Bucer zusammen mit dem ebenfalls aus Strassburg geflohenen Fagius die Bibel aus dem Urtext ins Lateinische. Der immer noch stattliche und geistsprühende Bucer gewann trotz all seiner Beschwerden (chronische Bronchitis, Verdauungsstörungen und Geschwüre) bald die Gunst der Frauen am Hofe; und Fagius schrieb zwischen Scherz und Ernst nach Strassburg: «Sagend Herrn Martins Hausfrau, sie soll sich bald auf die Fahrt machen, oder er wird eine andere kriegen. Die Herzogin von Suffolk will ihn haben, ist jetzt eine Witfrau…»

Bucer selbst schrieb an seine (in der Hoffnung auf bessere Zeiten) in Strassburg zurückgebliebene «herzliebe, fromme, getreue Wibrand», sie solle jetzt mit allen Kindern sofort nachkommen. «Zu Antwerpen musst du kaufen alle Würz, Zucker, gute Zwetschgen und was des Dings ist. Bring auch Spulen und Werg mit. Hier ist alles sündtheuer!»

Doch nur wenige Monate lang erfreuten sich die Ehegatten mit ihrer grossen Familie an der «echt strassburgerisch» eingerichteten «Oase deutscher Sprache und

Sitte im fremden Lande», dann erkrankte Bucer ernsthaft, obwohl ihm der junge König auf den englischen Winter hin zwanzig Goldstücke extra für einen guten Stubenofen gespendet hatte.

Mit letzter Kraft schrieb der Reformator noch drei Monate lang Tag und Nacht an seinem «reifsten Werk» über die Kirchenerneuerung: «De regno Christi». Dann starb der tapfere Kämpfer in den Armen seiner Gattin am 28. Februar 1551 – umsorgt aber auch von der Herzogin von Suffolk…

Die feierliche Beerdigung in Cambridge (Adelspersonen, zahlreiche Bischöfe und mehr als 3000 Studenten folgten dem Sarg) hatte ein makabres Nachspiel im Jahre 1556. Damals befahl «Maria, die Blutige» in ihrem grauslichen Wüten gegen alles Protestantische das Ausgraben von Bucers Leichnam. Man band seine Überreste an den Pranger und verbrannte sie samt seinen Schriften. Königin Elisabeth I. liess dann bei ihrem Regierungsantritt das Andenken des teuern Märtyrers Martin Bucer erneuern und ein «gebenedeites» Gedächtnis wahren.

Wibrandis Rosenblatt, die nun vierfache Witwe – und mit 47 Jahren immer noch eine schöne Frau –, war längst in ihre Mutterstadt Basel heimgekehrt. Dort kümmerte sie sich, allseits angesehen, um ihren Sohn Johann Simon Capito, der zum Leidwesen der Mutter ein sauf- und spiellustiger Tunichtgut geworden war.

Als dann – einmal mehr – im August 1564 die Pest durch Basel tobte, erlag ihr auch Wibrandis. Sie wurde jedoch nicht in einem der damals üblichen Massengräber beigesetzt, sondern neben ihrem zweiten, berühmtesten, Gatten Johannes Oekolampad im Kreuzgang des Münsters bestattet.

Paul Cherler widmete einigen Opfern der Epidemie poetische Nachrufe in lateinischer Sprache. Auch in der Übersetzung klingen diese wohlverdienten Verse heute noch schön und erhaben:

> **1.1564.**
> **Fraw Wiprand Rosenblat / etwann** M. Ludovic
> ellers / Dn. Johannis Oecolampadii, D. VVolffgangi Capito
> nis, D. Martini Buceri **seligen Herren / verlassene Witfraw /**
> **ist verscheiden im HErren den** 1. Nov.
> Anno 1564.

Im Basler Gräberverzeichnis von 1661 findet sich auch dieser Hinweis auf die am 1. November 1564 verstorbene vierfache Gattin Wibrandis Rosenblatt.

«Herrliche Frau, die hier ruht – sie erfreut nicht umsonst sich des Namens Blatt der Rose – voll Glanz lodert im Garten ihr Licht.

Gleich einer Königin ragte sie hoch aus der Menge der Frauen,

All' überstrahlend an Geist, Frömmigkeit und edelstem Sinn!»

Der Name Wibrandis ist bis in unsere Zeit erhalten geblieben:

Professor Ernst Staehelin, Verfasser der Studie «Frau Wibrandis», widmete sein Werk seinem Töchterlein Wibrandis.

Das Wibrandishaus, ein Senioren-Servicehaus am Allschwilerplatz, trägt den Namen der originellen Baslerin auch in unsere Gegenwart.

Und immer noch gibt es Nachkommen der vorbildlichen Frau und Mutter: Die Riehener Familie Wenk-Madoery zum Beispiel ist über Generationen mit Wibrandis Rosenblatt verwandt.

Wilhelm Basel
Auch ein Basler Original

Nein, dieser Mann ist kein Schweizer und auch kein Basler – und ein Original ist er eigentlich auch nicht. Warum verdient er trotzdem einen Platz in diesem Buche? Wilhelm Basel bewirtschaftet den Hof Basel in der westfälischen Dorfgemeinde Basel bei Wadersloh. Demzufolge ist er der einzige «Basler» auf Basel in Basel, der nie in Basel war.

Fügen wir diesem exklusiven namologischen Kuriosum noch den Umstand bei, dass Wilhelm Basel seinerzeit Probleme mit einem Knecht aus Zürich hatte (aus dem richtigen Gross-Zürich und weder aus dem holländischen noch aus dem algerischen Namensvetterndorf…), so hoffen wir, die geneigte Leserschaft möge für diese thematische Entgleisung mildernde Umstände gelten lassen.

Wilhelm Basel wohnt auf
Basel in Basel und doch nicht
in Basel. Unser Bericht erklärt
dieses kuriose Namensrätsel.

Alfred Rasser
HD-Soldat Läppli und die Politik

Es ist selten, dass zu einer Prominenten-Biografie Tagebücher beigezogen werden können. Im Falle von Alfred Rasser sind es insgesamt tausend Seiten in sechs dicken Bänden, die er zwischen 1923 und den Fünfzigerjahren mit persönlich(st)en Erinnerungen und Eindrücken beschrieb.

Rassers Vater war Elsässer, seine Mutter Badenserin; sie trafen sich und wohnten in Basel. Die Familie war so von allem Anfang an eine Art Regio en miniature. Alfred Rasser kam am 29. Mai 1907 im Basler Frauenspital mit einem Klumpfuss zur Welt: «Meine Mutter war Zimmermädchen bei Professor Hagenbach gewesen, einem der besten Chirurgen. Der hat mich wunderbar operiert, und sein Sohn hat mich dann weiterbehandelt.»

Während des Ersten Weltkrieges stand auf dem Nachttisch von Berta Rasser ein Hindenburg-Bild, auf jenem von Emil Rasser war das Konterfei des französischen Marschalls Joffre plaziert. Der kleine Alfredli wunderte sich über die heftigen politischen Diskussionen. Als dann aber Vater Rasser wenige Monate vor Kriegsende 1918 starb, bedauerte es seine Witwe doch sehr, dass ihr Mann den Sieg seiner Franzosen nicht mehr erlebt hatte...

Alfred Rasser – ein unvergessenes Basler Original.

An der Basler Gotthelfstrasse 99 fanden im Schopf des Hinterhauses die ersten Vorstellungen von Alfred Rasser statt – er imitierte mit grossem Erfolg einen Pfarrer. Begegnungen mit dem Schauspieler Alfred Lohner («ein leuchtender Bühnenheld») animierten Rasser zum Kontrastprogramm eines Romeo, der vor Ekstase die Vorhänge herunterriss.

Im «Borromäum», dem Klubhaus des katholischen Jünglingsvereins, beeindruckten ihn Filme mit dem französischen Komiker Nemorin. Rasser war 16, «als mir spontan ein Mensch einfiel, den ich nie gesehen hatte, den ich aber greifbar nah vor Augen hatte. Ich nannte ihn ‹Seppli›. Ich konnte mich selbst ganz vergessen und nur noch Seppli sein. Daraus wurde dann später im Cabaret, in meinen Stücken und Filmen der ‹Läppli›.»

Zu Monatslöhnen zwischen 30 und 50 Franken war Alfred Rasser von 1922 bis 1925 kaufmännischer Lehrling bei der Transportfirma Jacky, Maeder & Cie. Ab Herbst 1928 besucht er die Schauspielschule am Basler Konservatorium unter Oskar Wälterlin. Rasser spielt dann in der Spielzeit 1929/30 eine Nebenrolle an der Seite (das Stück heisst auch «Die andere Seite»…) des grossen Alexander Moissi. Seine Mitschüler sind die späteren beliebten Radio-Mitarbeiter Hans Haeser, Helli Stehle und Otto Lehmann.

Im März 1934 erhält Rasser vom Bundesamt für Industrie, Gewerbe und Arbeit das Prüfungszertifikat als Charakterdarsteller und Charakterkomiker mit der empfehlenden Bemerkung: «Interessante Begabung, speziell für Charaktertypen. Der Versuch mit einem Engagement erscheint lohnend.»

Bis Sommer 1935 führte der noch ohne Verpflichtung lebende Mime dann zusammen mit einem Kompagnon ein Malergeschäft. Rasser war zu diesem Zeitpunkt bereits mit seiner ersten Gattin Adele verheiratet, die ihm im Sommer 1932 den Sohn Roland schenkte.

Am 16. September 1935 kam dann der Durchbruch vom Amateur- zum Profischauspieler nicht nur auf dem Amtspapier, sondern auch in der Praxis:

Das Cabaret «Resslirytti» startete im «Gambrinus». Rassers «Läppli»-Debüt sei, meinte der «Baslerstab», «eine herrliche Sache, zum Brüllen lustig, eine Glosse voll Witz und Humor». Die «Basler Nachrichten» bestätigten: «Wenn wir einem die Krone geben wollen, so ist es Alfred Rasser.» Die «National-Zeitung» jubelte: «Man muss A.R. gesehen haben, um den Saal zu begreifen, der sich vor Biegen und Lachen nicht mehr fassen wollte. Dieser Mann ist von entwaffnender Unwissenheit – sein Weg zum Grabe über die Instanzen der Bürokratie ist eine Meisterleistung an Charakterzeichnung.»

Beim «Cornichon» im Zürcher «Hirschen» hatte noch im gleichen Herbst das Musical «Hupa-Haua» Premiere. Rasser spielte und sang den Oskar Sirisan, einen Super-Basler aus dem «Daig».

«Wenn Sie mich fragen, was ich Ihnen eigentlich zu sagen habe, so muss ich Ihnen antworten: Gar nichts ... gar nicht so wenig, wie Sie sich vielleicht vorstellen.»
Alfred Rassers «Professor ckdt» wurde zur typisch baslerischen Variante eines zerstreuten Gelehrten.

Bei der Berner «Bärentatze» lernte Rasser den späteren Komponisten und Hamburger (respektive Pariser) Operndirektor Rolf Liebermann als Cabaret-Pianisten kennen. Zwischen 1936 und 1940 war Alfred Rasser bei insgesamt 19 «Cornichon»-Programmen dabei. Er prägte den angriffigen, manchmal bitterbös satirischen, dann wieder politisch-poetischen Stil dieser in jenen Jahren auch im Ausland beachteten Kleinkunst-Bühne zusammen mit Elsie Attenhofer, Margrit Rainer, Voli Geiler, mit Zarli Carigiet und Emil Hegetschweiler. Gleichzeitig entstanden auch die ersten Filme mit namhaften Rasser-Rollen: «Die missbrauchten Liebesbriefe», «Dr Wyberfind», «Das Gespensterhaus».

Eine beliebte Rasser'sche Standardfigur war der herrlich vertrottelte «Profässer ckdt», wobei die vier kleinen Buchstaben als Anspielung auf die altbaslerische Familie Burckhardt – eben mit ck und dt geschrieben – verstanden werden sollten. Ergötzlich waren dabei immer die gewollt gestotterten Missverständnisse: «Au Migros…, au Migros…, au mi Grossvatter het das scho vorusgseh. Usego…, Usego…, us egoistischer Istellig könn me do gar nit viel mache, het er gsait, so dass wir abschliessend nur noch ausrufen können: Eso ka das nimme wittergo, Co-op…, Co-op…, Co-opferdeckel!»

Ab 1943 blühte das typisch baslerische Cabaret «Kaktus» mit zwölf Inszenierungen. Am Silvesterabend 1945 stand der Basler zum ersten Mal als (abendfüllender) HD-Soldat Läppli auf der Basler Küchlin-Varieté-Bühne – als Autor und Hauptdarsteller. Aus Jaroslav Hašeks «Abenteuer des braven Soldaten Schwejk» hatte Rasser ein in Mentalität und Kolorit, in Namen und Situationen brillant «verschweizertes» Dialekt-Lustspiel komponiert.

Das war in jenen ersten Nachkriegsmonaten eine richtige menschliche Wohltat, eine notwendige Korrektur des Lebensstils, eine überaus amüsante, von schmunzelnder Ironie getränkte Persiflage des während der Kriegsjahre

Die ganze Schweiz schmunzelte über die munteren Eskapaden von Rassers «HD-Soldat Läppli». Waren es bei der Urpremiere noch 20 Bilder (Spieldauer 4½ Stunden!), konzentrierte sich das Ensemble in der 500. Jubiläumsvorstellung auf 15 Szenen.

(logischerweise) überbordenden Militarismus. Während sechs Jahren hatten die Schweizer feldgrau gelebt, gedacht, gehandelt... Alles war vom Kommandoton geprägt: die aktiven Einheiten, die Luftschützler, FHD und HD. Angesichts der auswärtigen Bedrohungen, die sich wie ein Panzerring um unser Land legten, sah der Bürger und Soldat, sahen die Hausfrauen und Kinder die Chance eines unversehrten Überlebens nur im Zeichen der bewaffneten Neutralität. Offiziere und Unteroffiziere waren von 1939 bis 1945 eine Art höhere Wesen. Diese Macht nun – angesichts der ernsten Lage ein durchaus notwendiges Übel – hatte man nach dem Läuten der Friedensglocken satt. Der «Zivilist» wartete nur auf eine Gelegenheit, um im Stadtbild und im öffentlichen Leben wieder die Oberhand zu gewinnen und die Dinge ins normale Lot zu rücken. Da fand nun Alfred Rasser zum genau richtigen Zeitpunkt den richtigen Ton. Mit seinem von Vorstellung zu Vorstellung populäreren «Läppli» verhalf er dem kleinen Mann zu einer rein verbalen, aber trotzdem sehr wirksamen Revanche. Er nahm sich des untersten Dienstgrades, des HD-Soldaten, an und beförderte ihn zu einer zwar drolligen und an den Grenzen der Debilität wandelnden Person, liess aber immer klar durchblicken, dass hier ein Mensch, ein simples, aber fühlendes Individuum, über jeden angemassten Dünkel obenausschwang. Läpplis Attacken richteten sich denn auch nicht in erster Linie auf den Offiziersstand schlechthin, sondern auf einzelne sture Kadertypen, denen die sechs «Herrscherjahre» zu Kopf und Kragen gestiegen waren. So blieb Rassers «Zeitkritik» trotz aller szenischer Phantasie in ihren Grundzügen glaubwürdig und sprach dem Volke nicht nur «sozusagen», sondern wirklich und wahrhaftig aus dem Herzen.

Die ganze Schweiz schmunzelte ob Läpplis langfädigem Trick, wie er sich seine Gewehrnummer merkte: «Uff em Bahnhof in Brugg isch emol e Lokomotive gstande mit der Nummere 4268 uff em sächzähnte Gleis...»

In der 261. Aufführung lachte eine junge Frau so herzhaft, dass sie viel früher als erwartet einem gesunden Knaben das Leben, die Vornamen Alfred Theophil und Rasser dazu als Götti schenkte…

Waren es bei der Urpremiere noch 20 Bilder (Spieldauer 4½ Stunden), konzentrierte man sich in der 500. Jubiläumsvorstellung auf 15 Szenen.

Auf der Welle des so erfolgreichen HD-Soldaten ritt ab Herbst 1947 der «Demokrat Läppli», gefolgt vom «Weltbürger Läppli» (Ende 1949) und vom «Millionär Läppli» (1958). Kein Wunder, dass Alfred Rasser nun auch immer mehr Filmrollen spielte: «Palace Hotel» (Küchenchef), «Ueli der Knecht» und «Ueli der Pächter» (Baumwollhändler), «Das Waisenkind von Engelberg» (Onkel), «Der 10. Mai» (Tankwart).

Im Privatleben allerdings hatte der temperamentvolle Schauspieler Probleme mit Gott Amor: Zuerst, im Frühling 1942, war es jene Zürcher Balletteuse, die eigentlich er auf der Bühne im «Basler Pygmalion» hätte bezaubern sollen, die aber in Wirklichkeit den Schauspieler betörte; dann, ab Herbst 1943, «hat der Roman mit Ninette begonnen – ein Gefühl, das die Knochen durchzog», zur

Scheidung der ersten Ehe und zur zweiten Heirat Ende Oktober 1947 mit Ninette Rosselat führte.

Zurück zu Cabaret und Theater: Neben der später immer wieder aufgegriffenen Läppli-Serie (im Mai 1955 sogar einmal hochdeutsch in Stuttgart...) brillierte Alfred Rasser auch mit seinen Einmann-Programmen: 1952 im Zürcher «Embassy» fing es an. «Wisse Sie's Neyscht?» (1958), «Alma Kater» (1960), «Schwindelfrei» (1962), «Stop Schwyz» (1963), «Wo Zwerge sich erheben» (1965), «Zivilcourage» (1966), «National oder Rot» (1968) und «Lache, Bajazzo» (1972) setzten diese Traditionslinie fort. Zwischendurch sang und spielte Rasser auch einmal, so rein zum Pläsier, den legendären Gefängniswärter Frosch in der «Fledermaus» (am Zürcher Stadttheater in der Silvestervorstellung 1961 und an der Strassburger Opéra du Rhin am Jahreswechsel 1974/75). Auch mit Conférencen, an Bunten Abenden, bei Quizveranstaltungen und bei sogenannten «Einzelengagements» für geschlossene Gesellschaften festigte der versierte Unterhalter seine Popularität. Das Publikum war dankbar. Rasser sammelte seine Fan-Post in vielen dicken Ordnern:

«Ihnen würde ich sogar den Garten jäten», versichert ein Lehrer.

Ein Hochbauzeichnerlehrling schreibt: «Sie müssen nämlich wissen, dass ich ein grosser Fan von Ihnen bin. Aber damit bin ich nicht alleine, denn auf unserem Büro verehren Sie alle sehr.»

«Meine Hände haben geschmerzt vom Klatschen», gesteht eine Grossmutter.

Und ein anderes Müetti bestätigt: «Da ich eine uralte Frau bin, darf ich hemmungslos zu Ihnen sagen, dass Sie ein Mann sind, der ans Herz greift...»

Der Schriftsteller Ulrich Becher ist aus der kritischeren Warte des Theater-Rezensenten nicht minder begeistert:

«Rasser ist eine so grosse Nummer, wie man's als in Basel zentralisierter Basler eben sein kann. Als Londoner,

Pariser oder New Yorker wäre er wohl weltbekannt. Was mich stets aufs neue an ihm frappierte: sein Stehvermögen als Kämpfer; sein Volumen als homerischer Lacher und Lästerer; sein Junggebliebensein und die Verwandlungsfähigkeit im Gestalten dieses Unwandelbaren, der seit Jahrzehnten seinen Weg wandelt, ohne jede Seiten- oder gar Kehrtwendung. Ob's nun ein verwunschenes Pilzsuchermännlein ist, ein Snob, ein Kaiser oder eine Dalbanesin... Die Alti-Tante-Fasnachtstradition erweitert er zur komischsten Transvestiten-Travestie, die ich je sah. Er kann alles. Er hat's in sich!»

Am Können hat es Alfred Rasser nie gefehlt. Schwierigkeiten aber gab es zuweilen mit der Disziplin beim Lernen der Texte. Oft wurde da eine Premiere nur mit unermüdlichem Souffleureinsatz (manchmal sogar in «Stereo»: Sohn Roland von der einen und seine zweite Gattin von der anderen Bühnenseite) gerettet.

«Ich sitz auf dem Felsen und kämme mein Haar – und denke nur immer: Wie sonderbar...» sang Rasser als Loreley in seinem kabarettistischen Einmannprogramm «Wo Zwerge sich erheben».

Ungewohnt war auch die Art und Weise, wie Alfred Rasser «Abendregie» auf der Bühne führte: Er hatte eine Technik entwickelt, wie er zum Beispiel im «Läppli» unter seinem riesigen Schnauz auf die Kollegen einredete, ohne dass das Publikum etwas davon merkte: «Geh weiter zurück...», «Du stehst mir im Licht...», «Warte noch, bis das Lachen vorbei ist...».

In seinem Tagebuch notierte schon 1935 der damals 28jährige Schauspieler: «Der neue Kurs heisst Kommunismus! Auf, halte die Sichelflagge!»

Im Herbst 1954 reiste Rasser mit der sozialistischen «Vereinigung Kultur und Volk» nach China. Mit dieser «Wallfahrt» (wie seine Gegner meinten) respektive «Untersuchung über Freiheit und Unfreiheit» (wie Rasser selbst es sah) setzte sich der Zeitkritiker selber der Kritik aus. Aus heutiger Sicht betrachtet, hat sich der Marxismus/Maoismus als gelbfaschistische Bewegung durch die brutale Unterdrückung des tibetischen Volkes längst selbst entlarvt. Somit war Alfred Rassers Kotau vor Mao und Tschou En-lai tatsächlich tadelnswert – allerdings nicht mehr und nicht minder, als es heute Mitglieder schweizerischer Handelsdelegationen sind, die in Peking antichambrieren, dabei jedoch die systematische Ausrottung tibetischer Kultur ignorieren.

Nach seiner Rückkehr aus China wurde Rasser boykottiert. Als er sich auch beim Ungarn-Aufstand 1956 nicht eindeutig gegen die russische Intervention stellte und 1962 die DDR-Berliner-Mauer als eine Art Schutzwall gegen Neonazis lobte, verlor er nicht nur in der bürgerlichen Presse, sondern auch im einfachen Volk, bei seinem ureigenen Publikum, viele Sympathien.

Schon plante der Geächtete, im elsässischen St. Louis, vor den Toren Basels, ein Cabaret-Theater «Rasser im Exil» zu eröffnen. Mit Auftritten am Zürcher Bernhard-Theater («Moral»), an der Basler Komödie («Der Revisor») und schliesslich in Lehárs «Land des Lächelns» bei den Münchensteiner Freilichtspielen im Sommer 1964 hielt sich der Umstrittene aber auch «schweizintern» über Wasser und ging schliesslich sogar mutig und unverdrossen erneut in die politische Offensive:

Im Oktober 1967 liess er sich in den Nationalrat wählen. Mit seiner parlamentarischen Jungfernrede am 24. September 1968 («formal brillant», lobte der «Tages-Anzeiger») forderte Nationalrat Rasser wirksame Hilfe für die in der russischen «Intervention» erfrorene Reformbewegung des «Prager Frühlings»: «Es gibt nur ein Mittel, sozialistische Diktatur zu brechen, nämlich soziale Gerechtigkeit auf demokratischer Basis zu verwirklichen.»

In alter Frische stürzte sich der Cabaretist Rasser dann ein Jahr später auf das eben erschienene amtliche Zivilverteidigungsbuch. Als «Zivilverteidiger Läppli» nahm er all die Vorschriften, Anregungen und Hinweise dieser politisch-moralischen Aufrüstungsbroschüre so stur todernst, dass einmal mehr die ganze Schweiz wieder über diese gelungene Läppli-Renaissance lachte.

Man soll bekanntlich nicht nur die Bäume, sondern auch die Menschen an ihren Früchten erkennen: Alfred Rassers künstlerisches Schaffen hat sein Publikum nicht nur zum Lachen, sondern auch zum kritischen Mitdenken animiert.

Durch seinen Tod am 17. August 1976 verlor die Schweiz nicht nur ein facettenreich schillerndes Original, sondern auch einen ebenso couragierten wie empfindsamen Menschen.

Füsilier Eberer
und seine beiden Gesichter

Unter den vielen Spassvögeln, die während des Zweiten Weltkrieges die Schweizer Soldaten mit «humoristischen Einlagen» erheiterten, finden wir auch Theodor Eberer, Füsilier eines Basler Territorial-Bataillons. Eberer hatte zwei Gesichter, ein vorschrifts- und reglementskonformes und ein zweites für nach dem Hauptverlesen…

Christian Friedrich Schönbein
Der Ozon-Bestimmer

«Als kleiner Leute Kind» wurde «einer der genialsten Entdecker und Lehrer der Chemie» am 18. Oktober 1799 in Metzingen, im Norden der Schwäbischen Alb, geboren. Schon als 13jähriger trat Christian Friedrich eine siebenjährige Lehre in einer chemischen Fabrik in Böblingen an.

Als er zur militärischen Musterung aufgeboten wurde, weigerte sich «der kernige, gemüthafte, aber manchmal auch querköpfige Schwabe», den Fahneneid zu leisten – unter Berufung auf das Bibelwort «Eure Rede sei: Ja, ja; nein, nein. Was darüber ist, das ist vom Übel». Er halte auch so der Fahne die Treue, erklärte er. Die Sache kam vor den württembergischen König. Wilhelm I. überzeugte sich von den besonderen Talenten Schönbeins und ermöglichte ihm Universitätsjahre in Tübingen und Erlangen. Studienaufenthalte in England (als Lehrer in Epsom und in London) und auch in Paris erlaubten es Schönbein später, seine Forschungsergebnisse der Fachwelt auch in englischer und französischer Sprache zu präsentieren.

1828 kam er nach Basel – schon nach einem Jahr Dozententätigkeit wurde der «geistsprühende junge Gelehrte» zum Dr. philosophiae honoris causa ernannt, da ihm ein Doktortitel als Studienabschluss bisher gefehlt hatte.

Schönbein wurde konsequent mit den Attributen seiner chemischen Forschertätigkeit abgebildet.

1831 beteiligte sich Schönbein im Akademischen Freikorps an der Bewaffnung der Basler Bürgerschaft gegen das aufständische Baselbiet. Auf der St. Johann-Schanze exerzierte er jedoch so martialisch-grimmig, dass seine Kameraden es für ratsam hielten, sein Gewehr zu entladen, da sich sogar die eigenen Offiziere vom Kampfeseifer des Chemikers bedroht fühlten.

Im Sommer 1835 gründete Schönbein mit Emilie Benz aus Stuttgart am Oberen Rheinweg 83 im Hause «Zur Rheinlust» eine eigene Familie. Die jüngste seiner vier Töchter, Bertha, starb erst 1927 in Riehen.

Seine Verbundenheit mit der neuen Heimat dokumentierte der leutselige Professor durch die verschiedensten Aktivitäten:

Als Grossrat, als Vorsteher der Kleinbasler Ehrengesellschaften, als Mitglied der städtischen Beleuchtungskommission und als Mitarbeiter an der (ersten) «Basler Zeitung». Er war der erste Präsident des Museumsvereins, wirkte in der Hebelstiftung und half mit, das jährliche Hebelfest in Hausen einzuführen. Fröhliche Geselligkeit pflegte er ebenso mit dem Badischen Grossherzog Friedrich bei Besuchen am Hofe in Karlsruhe und auf der Insel Mainau wie mit dem «gewöhnlichen» Volk am Stammtisch des «Roten Löwen» im Kleinbasel.

Justus von Liebig (der mit Faraday, Escher von der Linth und Pictet de Rochemont zu Schönbeins Freundeskreis zählte) meinte fast ein bisschen eifersüchtig: «Könnte ich kneipen wie er, so wäre ich ein beneidenswerter Mann.»

Der beliebte Gelehrte wurde mit dem Basler Ehrenbürgerrecht ausgezeichnet, «weil er in den Zeiten unserer Wirren (1831–1835) seine Anhänglichkeit an unsere Stadt durch Wort und Tat an den Tag gelegt hat». Als Förderer des Andenkens von Johann Peter Hebel wurde Schönbein zudem noch zum Ehrenbürger von Hausen ernannt.

Im Vorraum der Aula des Museums an der Augustinergasse steht Schönbeins Büste, modelliert vom Schöpfer des St. Jakobs-Denkmals, Ferdinand Schlöth. Auch brachte man eine Schönbein-Gedenktafel zu Ehren des grossen Mitbürgers an seinem Wohnhause an. Schliesslich erinnert die Schönbeinstrasse bei der Universitätsbibliothek an das Wirken des originellen Professors.

In seiner rund 40jährigen Lehrtätigkeit an der Basler Universität schrieb Schönbein insgesamt 837 wissenschaftliche Abhandlungen – manchmal über das gleiche Thema in verschiedenen, ergänzenden Fassungen.

In politischen Fragen nahm Schönbein eine durchaus selbständige Stellung ein und liess sich nicht in das Getriebe einer Partei spannen. Er kämpfte für Meinungs-, Glaubens-, Presse- und Gewissensfreiheit. Einer seiner Gegner, der Luzerner Historiker Josef Kopp, spielte auf Schönbein und seinen auf eidgenössischer Ebene agierenden Mitstreiter Ochsenbein an, als er sich darüber beklagte, «die Beine (seien es ästhetische oder unästhetische) machen argen Spuk im Schweizerlande».

In einer kleinen Waschküche des Falkensteiner Hofes am Münsterplatz 11 richtete sich der experimentierfreudige Chemiker ein Mini-Labor ein. «Nachdenkend mit halbgeöffneten Augen, den Kopf etwas vorgeneigt, nicht immer ausgesucht gekleidet, ging er dann den Rheinsprung hinunter und über die Brücke nach Hause, wohl etwa eine Korbflasche tragend, deren Inhalt andauerndes Schüttelns bedurfte.»

Dass sich bei solcher Erscheinung uninformierte Passanten über den «geschüttelten» Professor wunderten, war verständlich.

Es kam auch vor, dass Studenten, die Schönbein in seinem Laboratorium aufsuchen wollten, auf eine kleine Notiz trafen: «Heut ist kein Kurs, die Frau Professor tut baden!»

H. Beltz porträtierte im Jahre 1857 den entdeckungsfreudigen Chemiker mit diesem heute in der Aula des Naturhistorischen Museums hängenden Konterfei.

Bei einem Chemikerkongress 1853 in München diskutierte Justus von Liebig mit anderen Fachleuten über die «neumodischen Atome». Schliesslich fasste C.F. Schönbein seine Ansicht darüber in die Worte zusammen:

«Geht mir weg mit eire Atome. Warum git's net Atome so gross wie Leberklöss, dass mer se de Leite weise kann?»

Als Wissenschaftler hat der eigenwillige Wahl-Kleinbasler Grosses geleistet:

Forschungsarbeiten über die Passivität des Eisens, über Farbveränderungen von Metallkörpern unter dem Einfluss der Temperatur oder über die chemische Wirkung der Lichtstrahlen folgte die Entdeckung des Kollodiums, einer in den Vereinigten Staaten mit etlichen Folgepatenten ausgewerteten chemisch-physikalischen Kombination.

1839 fiel Schönbein ein eigentümlicher Geruch des Sauerstoffes bei der Zersetzung des Wassers durch Elektrizität auf. Dieses «Riechende» wollte (und durfte) der Gelehrte als ein Element bestimmen, das es vorerst einmal zu taufen galt. Schönbein erkundigte sich beim Griechisch-Professor Wilhelm Vischer-Bilfinger nach dem entsprechenden klassischen Begriff. Beim Worte

«Ozon» – heute ein weltbekanntes Synonym für die Bedrohung der Biosphäre – sollte eigentlich die erste Silbe betont werden. Schönbein selber legte aber grundsätzlich den Akzent auf den zweiten Wortteil – und so sprechen wir Ozon auch heute noch falsch, aber so wie sein Entdecker aus.

Durch Behandlung von Baumwolle mit einem Salpeter/Schwefelsäure-Gemisch entwickelte Schönbein die Schiessbaumwolle. Erste Versuche mit diesem Stoff wurden auf der Schützenmatte durchgeführt, erste Sprengungen erfolgten beim Bohren des Eisenbahntunnels bei Istein.

Im Herbst 1846 tauchte die Sensationsnachricht von der «explodierenden Baumwolle» (Nitrozellulose) in Wien auf. Professor Kraysky machte sofort im Josephinum eigene Versuche mit dem Schönbein'schen Prozedere. Bald verkauften Wiener Apotheken den Sprengstoff an jeden, der ihn verlangte. Sogar Hausierer gingen von Gasthaus zu Gasthaus, von Kaffeehaus zu Kaffeehaus und boten ihn an, so dass ein Journalist die Angst davor aussprach, demnächst bei einer Schale Mokka unversehens in die Luft zu fliegen. Das Wort «explosiv» kam in Mode – ein besonders guter Witz wurde als explosiv, ein neuer fescher Anzug als explodierend bezeichnet. Im Daum'schen «Elysium», einem Vergnügungslokal, wurde ein «explodierendes Volksfest-Spektakel» angekündigt. Vor allem die Humoristen griffen das Thema begierig auf. Ein Wiener Witzblatt behauptete, Professor Schönbein aus Basel sei darauf aus, die Bevölkerung der Donaustadt zu dezimieren. Man warnte die Mütter, ihre Säuglinge in Baumwollwindeln zu wickeln: «Die Dinger sind imstand', Frau Nachbarin, und schiessen zurück!»

Mitte Februar 1847 meldete die Zeitschrift «Der Wanderer»: «Zeitgeistliches Fortschreiten: Strauss-Sohn wird noch in diesem Fasching eine explodierende Baumwoll-Polka loslassen. Wir wünschen, dass sie einschlägt!»

Der Wunsch ging in Erfüllung. Die «Explosions-Polka» (Opus 43) hatte beim Dommayer in Hietzing – und später auch in allen anderen Altwiener Etablissements, in denen der jüngere Strauss aufspielte – den gewünschten «explosiven» Erfolg. Ihre Uraufführung erlebte diese der Entdeckung Schönbeins gewidmete «musikalische Novität» beim «Lust-Explosionsfest» in den Sträussl-Sälen des Theaters in der Josefstadt.

In seiner Bescheidenheit hätte sich Schönbein ein solches Echo aus der Weltstadt Wien kaum vorstellen können.

Stillvergnügt sah man ihn auch in seinen letzten Lebensjahren sogar im Winter schon am frühen Morgen in seinem Laboratorium an der Arbeit. Er habe noch viel zu tun, meinte er zu Freunden, «ich habe noch etliches Werch an der Kunkel …».

Zu Hause waren Cäsar, Tacitus, Erasmus von Rotterdam und Shakespeare seine Lieblingsschriftsteller. Eine Sonate oder ein Quartett von Beethoven, ausgeführt in bescheidenem Familienkreise, erfreute ihn mehr als die glänzendste Aufführung eines grossen neueren Musikstücks.

Schönbein starb am 29. August 1868 auf dem Gute Sauersberg bei Baden-Baden im Hause eines Freundes. Sein Leichenbegräbnis am 2. September auf dem Wolf-Gottesacker betrauerte einen «schöpferischen, neubildenden Geist, jugendfrisch bis zum Silberhaar, ein Original im besten Sinne des Wortes».

«Die studierende Jugend Basels, die in Schönbein einen theuren Lehrer verloren hat, bezeugte ihm dadurch ihre Theilnahme, dass sie am Abend sein Grab mit Blumen und Kränzen schmückte und beim Eintreten der Nacht in schönem Zuge mit Fackeln zu seiner Gruft pilgerte.»

Ein ausführlicher Nekrolog auf den Verstorbenen erschien in den «Basler Nachrichten» vom 3. bis 5. September 1868.

«Schönbeins Verlust ist ein unersetzlicher», hiess es da, «aber die Universität Basel darf stolz sein, dass dieser Forscher länger als ein Menschenalter an ihr gewirkt hat, und die Stadt Basel darf sich rühmen, dass es ihr vergönnt war, ihn zu einem der Ihrigen zu machen...»

Schwester Stella
Ein Kloster für die Solo-Nonne

Eigentlich heisst sie Margrit R. – als «Schwester Stella in Jesus und Maria» aber schreibt das einzige Mitglied ihres Ordens «Gesandte der barmherzigen Liebe» religiöse Briefe an den Papst, die Regierung, an Bischöfe und die Presse. Schwester Stella behauptet, allein in ihrem Wohnort Basel 800 000 Flugblätter verteilt, 2000 Briefe an «leitende Stellen» und 207 Staatsschreiben an alle Regierungen der Welt versandt zu haben. Sie verfasst laufend eine Art Hirtinnen-Briefe zu allen möglichen und unmöglichen Themata: Unter dem Titel «Verliebt – verlobt – verheiratet» propagiert Schwester Stella die Josefs-Ehe als vollkommenste Ehe, im «Paradies-Gärtlein» disputiert sie darüber, ob der Baum der Erkenntnis im Paradies grosse birnenähnliche oder kleine gelbliche Früchte getragen hat; sie, die Privatnonne und Mutter von vier Kindern, weiss ganz genau, dass die Welt sechstausend Jahre bestehen wird, und schliesslich betet sie, «besonders nachts, wo man Gott am meisten beleidigt durch die Sünde der Unkeuschheit». Gott habe persönlich als kreisende Flamme über dem Küchenstuhl bei ihr Wohnsitz genommen und ihr zwei Zeichen gegeben – den achtzackigen Stern und «ein Stück nach unten gewölbten Regenbogen zwischen mir und der Sonne». Dem Papst hat die streitbare Stella schon kiloweise Botschaften gepostet und ihn aufgefordert, doch endlich die vielen Bilder mit nackten Menschen im Vatikan entfernen zu lassen. Aus dem «Blick» entfernt sie als selbsternannte Zensorin tagtäglich die Rubrik mit den busenfreien Maiden. Schon liegen, fein säuberlich gebügelt, weisse Nonnenkleider bereit, und auch eine «Halleluja-Kommode», ein Harmonium, wartet nur darauf, ins Kloster der «Gesandten der barmherzigen Liebe» zu wandern, sobald Gott auf wundersamem Wege ihr, der zukünftigen Mutter Oberin, dieses Gebäude schenken wird…

Schwester Stella, einziges Mitglied des Ordens «Gesandte der barmherzigen Liebe», wartet mit ihrem Harmonium darauf, dass ihr «auf wundersamem Wege» ein Kloster geschenkt wird.

Wilhelm Wackernagel
Von Scherz zu Scherz

Er kam in Berlin aus einer thüringisch-altonaischen Ehe am 23. April 1806 zur Welt und hiess mit allen Vornamen Karl Heinrich Wilhelm Wackernagel. Schon als Gymnasiast am «Grauen Kloster» galt er als aufmüpfiger «Räsoneur» im Kreise jener gebildeten Jünglinge, die im Bannkreis des legendären Turnvaters Jahn von einem deutschen Wahlkaisertum (anstelle der angestammten Erbmonarchie) träumten.

Als 15jähriger Studiosus wurde Wackernagel «als Ersatz für eine Prügelstrafe» zu drei Tagen Haft in der Berliner Stadtvogtei verurteilt, weil er sich im Kreise der «Demagogen» respektive der «Neo-Enzyklopädisten» besonders verdächtig machte.

Nach dem frühen Tode seiner Eltern sorgten Wackernagels Schwestern Friederike und Luise als fleissige Stickerinnen opferwillig für einen geregelten Studiengang ihres jüngsten Bruders. Obwohl Wackernagel in ungeheizten Zimmerchen und einmal sogar in einer Kegelbahn wohnte, fand der blonde Literat mit dem breitgefächerten germanistischen Interesse schnell Anschluss bei der Berliner und später auch bei der Breslauer Dichterwelt.

Zu Wackernagels Freunden gehörten August Heinrich Hoffmann von Fallersleben (er schrieb u.a. den Text zur

So sahen ihn die Basler und Baslerinnen: Wilhelm Wackernagel, den bedeutenden Sprachgelehrten von internationalem Ruf, der trotz aller Ernsthaftigkeit seine Originalität auch mit gelegentlichen wissenschaftlichen Scherzen dokumentierte.

Zu Wackernagels Freundeskreis zählte erstrangige Kulturprominenz:

August Kopisch (1799–1853), Maler, Dichter, Kunstschriftsteller. Er schrieb den Kinderbuch-Bestseller «Die Heinzelmännchen von Köln», entdeckte 1826 die Blaue Grotte auf Capri und erfand den patentierten Berliner Schnellofen.

Joseph Freiherr von Eichendorff (1788–1857). Seine Novelle «Aus dem Leben eines Taugenichts» und der Liedtext «In einem kühlen Grunde …» haben den Mitarbeiter an der Volksliedersammlung «Des Knaben Wunderhorn» berühmter gemacht als seine Tätigkeit im preussischen Kultusministerium.

deutschen Nationalhymne), Joseph von Eichendorff («Aus dem Leben eines Taugenichts», «In einem kühlen Grunde …») und Adalbert von Chamisso («Peter Schlemihl – der Mann ohne Schatten»).

Zu diesem Kreis zählten auch August Kopisch (er schrieb den Kinderbuchbestseller «Die Heinzelmännchen von Köln» und wieder-entdeckte die Blaue Grotte auf der Insel Capri) und die Brüder Jacob und Wilhelm Grimm (sie edierten gemeinsam die bekannte Märchensammlung und erarbeiteten jene deutsche Grammatik, die später Dr. Konrad Duden zur Grundlage seiner «Rechtschreibe-Epistel» diente).

August Heinrich Hoffmann von Fallersleben (1798–1874) ist der Verfasser der am 26. August 1841 auf Helgoland gedichteten deutschen Nationalhymne. Der frühere «Politsänger» und spätere Sprachforscher und Dichter verbrachte seinen Lebensabend als Bibliothekar im Kloster Corvey.

Adalbert von Chamisso (1781–1838), «von edler, aber spröder Natur», schrieb Balladen und Romanzen. Die Gestalt seines «Peter Schlemihl», des Mannes ohne Schatten, taucht wieder in der Oper «Hoffmanns Erzählungen» von Jacques Offenbach auf.

Schon damals manifestierte sich Wackernagels Hang zu mehr oder weniger geheimen Zirkeln: Er war unter dem Decknamen Giselher Gründungsmitglied des poetischen Klubs der «Namenlosen» und agitierte in der aufmüpfigen «Mittwochsgesellschaft», die sich konspirativ am Berliner «Revolutionsherd der vormärzlichen Zeit», der Stehelyschen Konditorei am Gendarmenmarkt, zu politischen Séancen traf. (Durch seinen Schwager Blunschli wurde Wackernagel später auch den Idealen der Freimaurer verbunden, und noch in reiferen Jahren versammelte sich in seinem Hause die «Euterpe-Gesellschaft» jeden Mittwoch zu dichterischem Gedankenaustausch.)

Seine eigene literarische Karriere startete Wackernagel mit einer witzigen Fälschung: Er fabrizierte ein in Inhalt, Duktus und Wortwahl durchaus glaubwürdiges altdeutsches Gedicht, das er dem Nibelungen-Forscher Professor Lachmann «unterjubelte», der prompt auf den Studentenulk hereinfiel.

Eine Studie über das Wessobrunner Gebet (ein Klostermanuskript aus dem 8. Jahrhundert) und die altdeutschen «Gedichte eines fahrenden Schülers» liessen die Fachwelt jedoch schnell wieder an Wackernagels Seriosität glauben, die er als gefürchteter Literatur- und Theaterkritiker bei der «Breslauer Zeitung» untermauerte. Zum Tode Goethes wurde er denn auch ausersehen, im deutschen «Musenalmanach» ein Grabgedicht auf den Dichtergiganten zu verfassen.

Im «Musenalmanach», sozusagen der Fachzeitschrift der deutschen Dichter, würdigte Wackernagel mit einem Gedenkgedicht Johann Wolfgang von Goethe (1749–1832): «Unser aller Meister ging von hinnen ...»

Ein Jahr später war Wackernagel froh, der Berliner Choleragefahr entfliehen zu können, indem er einem Ruf an die Basler Universität folgte, um dort zuerst am «Pädagogio» und später an der Alma mater selber deutsche Sprache und Literatur zu lehren. Am 19. April 1833 traf «der grosse, ernste, stolze Blonde» in Basel ein, nachdem er sich unterwegs beim Schaffhauser Rheinfall noch über den prächtig im Wasserstaub schillernden Regenbogen und über das Edelsteingrün des Rheines gewundert und gefreut hatte.

Zu Wackernagels ersten Basler Schülern zählte Jacob Burckhardt, der spätere Kulturhistoriker. Poetische Impulse vermittelte der «Neubasler» seinen Lieblingsstudenten Josef Victor Widmann und Carl Spitteler, dem späteren Nobelpreisträger.

1854 wurde Wackernagel in den Grossen Rat der Stadt gewählt. Er war überzeugt, dass ihm sein Wissen und sein überlegenes politisches Verständnis 1858 auch eine glanzvolle Wiederwahl sichern würden. Da er aber einen Bierbrauer zum Konkurrenten hatte und dieser generös Gratisbier ausschenken liess, verlor der «Zugereiste» sein Mandat, jedoch nicht seinen Idealismus: «Ganz besonders in Handelsstädten, wo Alles dem Gelderwerb nachgeht, ist es notwendig, den materiellen Interessen ideale Bestrebungen entgegenzusetzen, damit nicht das goldene Kalb allmählich der alleinige Götze wird.»

Zuerst wohnte Wackernagel mit seiner ersten Gattin Louise (einer Schwester des Zürcher Rechtsgelehrten Blunschli) im St. Albanstift. Die Frau Professor kredenzte dort den Dichtern Ludwig Uhland und Heinrich Leuthold manch kühlen Trunk aus dem alten Klosterweinkeller. Später residierte Wackernagel mit seiner zweiten Frau Maria Salomea (aus dem Hause Sarasin) im Hinteren Wirtembergerhof an der Ecke Brunngasse/Dufourstrasse. Unter schattigen Kastanienbäumen traf sich dort das «Dichterkränzchen», dem der Baselbieter Jonas Breitenstein, der Dichterpfarrer Friedrich Oser, Carl Spitteler und Josef Victor Widmann angehörten. Hermann Hesse widmete dieser illustren Adresse später ein unveröffentlichtes Gedicht: «Brunngässlein 11».

Internationale Beachtung errang Wackernagel mit seiner zweibändigen «Geschichte der deutschen Literatur», mit einem dreiteiligen «Deutschen Lesebuch», mit Büchern über Sevilla und Pompeji und mit seinem schalkhaften «Weinbüchlein», dem «rebenblütenduftenden Produkt seiner Muse», worin er versprach: «Ich will den Wein wacker nagelproben.»

Der dreimalige Rektor der Basler Universität wurde immer wieder mit lockenden Angeboten für Professuren in Wien, München und Berlin konfrontiert.

Wackernagel blieb Basel nicht nur treu, sondern widmete sich mit einem guten Dutzend kulturhistorischer Publikationen auch der Geschichte seiner neuen Heimatstadt.

In zwei Nebenräumen des Münsterkreuzganges sortierte, analysierte und bestimmte Wackernagel in jahrelanger nebenamtlicher Tätigkeit die «Mittelalterliche Sammlung», die dann ab 1894 in der Barfüsserkirche als Historisches Museum präsentiert werden konnte. Er liess sich in seinem Sammeleifer auch nicht anfechten, wenn ihn etwa ein Kollege spöttelnd fragte: «Herr Professor, was macht denn eigentlich Ihre Grümpelkammer?»

Wackernagels Resonanz war bedeutend. Er beeinflusste Denken und Werk des «Mutterrechtlers» Johann Jakob Bachofen, des schwäbischen Poeten Johann Ludwig Uhland und des Aargauer Fabeldichters A.E. Fröhlich. Nur Gotthelf mochte er nicht. Die Abneigung war jedoch gegenseitig. Albert Bitzius rügte schroff: «Wackernagels Sachen nehmen sich aus wie ein blanker Dolch neben einer Schale voll süsser Kirschen. Seine Produkte sind kalt wie Eisschollen ...»

So wie es begonnen hatte, endete Wackernagels literarisches Schaffen – mit einem Scherz. Um seine Kollegen zu foppen, schrieb er mit der ernstesten Miene eine tiefsinnig-bedeutungslose Abhandlung: «Die Hündchen von Bretzwil und von Bretten. Ein Versuch in der Mythenforschung». In dieser von A bis Z erfundenen Studie schwadronierte der witzige Gelehrte über einen angeblichen Vergleich zwischen einer Baselbieter und einer Schwarzwälder Tierlegende, die beide lediglich der Fantasie Wackernagels entsprungen waren. «Wackernagel hatte die Genugtuung, dass von etlichen gelehrten Häusern sein Spass als wissenschaftlicher Ernst aufgenommen wurde.»

Der zum hochrangigen Original gewordene Basler Ehrenbürger starb als «echter Aeschlemer» am 21. Dezember 1869. «Ein grosses akademisches Leichenbegängnis ehrte sein Andenken.» Der Freund von Eichendorff, Fallersleben, Chamisso, Kopisch und Uhland, der «Animator» von Widmann und Spitteler, ruht stilgerecht in seiner Wahlheimat auf dem romantisch-traditionellen Wolf-Gottesacker. Der «verehrte, wenn auch etwas gefürchtete strenge Erzieher zum Echten und Schönen» hat sich – wohl unbewusst – in seinem Gedicht über den Wassertropfen, der ins Meer fällt, seinen Grabvers selbst geschrieben:

«Es war ein Leben nur und nur ein Sterben
Und kam, auch eine Spur sich zu erwerben …»

Quellen

Johann Rudolf Geigy
Stammvater der «Novartis»

«Schweizer Pioniere der Wirtschaft und Technik»,
Band 2: Johann Rudolf Geigy-Merian, von Fritz Rieter
(ab Seite 35)
Verein für wirtschaftshistorische Studien, Zürich, 1955
«Geschichte des Geigy-Unternehmens von 1758 bis 1939»,
von Alfred Bürgin
Verlag J.R. Geigy AG, Basel, 1958
«Basler Handelsherren des 19. Jahrhunderts», von Eduard His,
Verlag Benno Schwabe & Co., Basel, 1930:
Johann Rudolf Geigy (ab Seite 153)
«Basler Staatsmänner des 19. Jahrhunderts», von Eduard His
Verlag Benno Schwabe & Co., Basel, 1929:
Johann Jacob Stehlin-Burckhardt (Seiten 160–162)
«Herkunft und Gestalt der Industriellen Chemie in Basel»
Herausgegeben von der Ciba aus Anlass ihres 75jährigen Bestehens als Aktiengesellschaft
Urs Graf-Verlag, Olten und Lausanne, 1959 (Seiten 100/101)
«Aus der Frühzeit der chemischen Industrie in Basel»,
von Paul Koelner
Verlag Birkhäuser, Basel, 1937
«Schweizerische Portrait-Galerie»,
Band 1, Nr. 88
Verlag Art. Institut Orell Füssli, Zürich, ca. 1891

«Kurzer Überblick über die Entwicklung der Firma Joh. Rud. Geigy»
Druck: Frobenius AG, Basel, ca. 1919.
Originalschreiben von K. Geigy-Hagenbach, Juni 1919
«Johann Rudolf Geigy-Merian war Handelsherr und Politiker»,
von Gustaf Adolf Wanner
«Basler Zeitung»
Nr. 52 vom 1. März 1980
«Basler Zeitung» Nr. 260 vom 5. November 1983, Teil II, Seite 17:
Buchbesprechung «Die Wirtschaftsgeschichte der Schweiz» (Jean-François Bergier), von Medard Meier
«Ciba 1884–1934 – Gesellschaft für Chemische Industrie in Basel»
Jubiläumsgeschichte ohne Autorangabe
Druck: Graphische Anstalt J.E. Wolfensberger, Zürich, 1934

Gustav IV. Adolf
Schwedenkönig und Basler Bürger

«Memorial des Obrist Gustafsson»,
Verlag W. Zirges & Co., Leipzig, 1829
«La Fin d'une Dynastie», von O.-G. Heidenstam, Librairie Plon, Paris, 1911
«Mémoires du Lieutenant Général J.-B. de Suremain», Librairie Plon, Paris, 1902
Akten Gustafsson, Schweden, A2, Staatsarchiv Basel
Briefsammlung Gustafsson, Universitätsbibliothek Basel (Handschriften)

«Schweizerreise», von Frank Heller,
  Verlag Heimdal, Kopenhagen, 1949
«Was Basler Gedenktafeln erzählen»,
  von Gustaf Adolf Wanner,
  Verlag Helbing & Lichtenhahn,
  Basel, 1964
«Schweizer Hausfreund», vom 31. Juli
  1898 (Seiten 123/124)
«Napoleon I. und das Zeitalter der
  Befreiungskriege in Bildern»,
  von Friedrich M. Kircheisen
  Verlag Georg Müller, München, 1914
«Basler Jahrbuch» 1892
  1902 (Seiten 113–145),
  1904 (Seiten 107–133),
  1909 (Seiten 206–213),
  1950 (Seiten 42/43),
  (Seiten 135–138) Verlag Helbing &
  Lichtenhahn, Basel
«Häuser und Gestalten aus Basels Ver-
  gangenheit», von Daniel Burckhardt-
  Werthemann (Seiten 157/158),
  Verlag Frobenius, Basel, 1925
«National-Zeitung» vom 10. März 1910
  (Helga de la Brache)
«Basler Woche»
  Nr. 34 vom 28. August 1959
«Sonntagsbeilage der ‹Basler Nach-
  richten›» vom 31. Oktober und
  7. November 1920
«Basler Nachrichten»
  Nr. 231, 234 und 235/1880
«Gallus-Stadt», Jahrbuch der Stadt
  St. Gallen 1962 (Seiten 108/109),
  Verlag Zollikofer & Co. AG.,
  St. Gallen, 1962

«'s Banane-Anni»
Spaghetti für Mussolini

«Doppelstab» Grossauflage (GA) Nr. 1
  vom 29. Januar 1965.
  Information Kontrollbüro Basel-
  Stadt vom 10. August 1992.
  Undatierte «interne» Basler Polizei-
  Notiz («Frühfiche») aus den
  Vierzigerjahren.

Gustav von Bunge
«Der Drachentöter aus dem hohen
Norden»

«Gustav von Bunge»,
  von Eduard Graeter
  Verlag der Schweizerischen Vereins
  abstinenter Lehrer und Lehrerinnen,
  ohne Ort und Datum

«Internationale Monatsschrift zur
  Erforschung des Alkoholismus und
  der Bekämpfung der Trinksitten»,
  Heft 1/2, Januar/Februar 1914
«Basler Gelehrte des 19. Jahrhunderts»,
  von Eduard His: Gustav von Bunge
  (Seiten 283/284)
  Verlag Benno Schwabe & Co.,
  Basel, 1941
«Rund um Basels Denkmäler», von
  Gustaf Adolf Wanner:
  Am Bunge-Brunnen (ab Seite 87)
  Verlag Basler Nachrichten,
  Basel, 1975
«Basler Jahrbuch» 1922: «Chronik»
  Verlag Helbing & Lichtenhahn,
  Basel, 1923
«Der Wolfgottesacker in Basel»,
  von Anne Nagel,
  Verlag der Gesellschaft für
  Schweizerische Kunstgeschichte
  GSK, Bern, 1993

Emil Beurmann
Bohemien und Belami

«Basler Jahrbuch» 1952
  Verlag Helbing & Lichtenhahn,
  Basel
«Emil Beurmann»,
  von Fridolin Leuzinger
  GS-Verlag, Basel, 1990
«Von Leuten und Sachen»,
  von Emil Beurmann,
  Verlag Gaiser und Haldimann,
  Basel, 1942
«Stimmen aus dem Souterrain»,
  von Emil Beurmann
  Hirzen-Verlag, Basel, 1937
«Rundschauverse»,
  von Emil Beurmann
  Selbstverlag Emil Beurmann,
  Basel, 1928
«Ein Maler spintisiert»,
  von Emil Beurmann
  Hirzen-Verlag, Basel, 1932
«Die Schweiz»
  1898 (ab Seite 481),
  1905 (Seite 237 und ab Seite 255),
  1906 (nach Seite 84) und
  1920 (ab Seite 221)
«Berner Rundschau»
  1910 (ab Seite 442)
«Bénézit»-Kunstlexikon,
  Ausgabe 1957,
  Buchstabe B (Seiten 80/81)
Ein Konvolut Briefe und persönliche
  Andenken von Emil und Maria

Beurmann-Brunner im Besitze des
Verfassers
Artikelserie von Hans A. Jenny in der
Zeitschrift «B – wie Basel» 1984/85

«König Parzival»
Der Esperanto-Morse-Lehrer

«Ein König fährt Velo»,
von «-minu», «National-Zeitung»
Nr. 320 vom 14. Oktober 1975
«Das Leben und das Testament
des Königs Parzival»
Buchpublikation (vervielfältigt)
von 132 Seiten
Verlag Esperanto-Schule,
Basel, ohne Datum
Leserbrief an den «Nebelspalter»,
von «Parzival», Ende Juli 1986
(unveröffentlicht)
Flugblatt des «Kapitano de ‹Bonan
Tagon›» («Parzival»/Reverdin)
Bielo, Svislando, April 1995

Fred Spillmann
Der Paradiesvogel

«Fred Spillmann Memoiren»,
ohne Autorangabe (-minu),
Buchverlag Basler Zeitung,
Basel, 1986
«FS – Fred Spillmann»,
von «-minu»,
Privatdruck der Offizin
Basler Zeitung, Basel, 1995
Dossier mit rund 30 Zeitungsaus-
schnitten und Einladungen zu
Couture-Collection-Präsentationen
Fred Spillmanns, aus dem Besitz
von Margrit Friedli, Arisdorf

Hermann Christ-Socin
Der Vielseitige

«Basler Gelehrte des 19. Jahrhunderts»,
von Eduard His
Verlag Benno Schwabe & Co.,
Basel, 1941
«Briefe von Dr. H. Christ aus den
Jahren 1930–1932»
(herausgegeben zum hundertsten
Geburtstag des Autors)
Separatdruck aus «Berichte der
Schweizerischen Botanischen Gesell-
schaft», 1933, Band 42, Heft 2,
Verlag Helbing & Lichtenhahn, Basel

«Dr. Hermann Christ-Socin,
1833–1933», von Hans Anstein
«Basler Jahrbuch 1935» (ab Seite 1)
Verlag Helbing & Lichtenhahn,
Basel, 1936
«Aus Basels Biedermeierzeit»
Kindheits- und Schulerinnerungen
von Hermann Christ-Socin
«Basler Jahrbuch 1943» (ab Seite 36)
Verlag Helbing & Lichtenhahn,
Basel, 1944
«Léopold II»,
von Comte Louis de Lichtervelde
Verlag Albert Dewit,
Bruxelles, 1926
«Leopold der Ungeliebte – König der
Belgier und des Geldes»,
von Ludwig Bauer
Querido Verlag, Amsterdam, 1934
«Der Schweizerische Nationalpark»
Verlag Silva-Bilderdienst,
Zürich, 1949
«Basler Grund und Boden und was
darauf wächst», von Hermann Christ
«Basler Jahrbuch 1890»
Verlag C. Detloffs Buchhandlung,
Basel, 1891
«Die Geldgeschäfte grosser Herren»,
von Horst Wagenführ: Leopold II.,
König der Belgier (ab Seite 187)
Schuler Verlag, Stuttgart,
ohne Jahreszahl

Der Aenishänsli
«De bisch e scheeni Milch!»

«National-Zeitung»
Nr. 352 vom 3. August 1957:
«Baseldytsch»-Kolumne von
«Glopfgaischt» (Robert B. Christ)
Informationen von Elsa Waltz,
Birsfelden, und Liset Theurer-
Bachmann, Lörrach
«Das andere Basel»,
von Eugen A. Meier
2. Auflage, EAM-Verlag, Basel, 1975
Karikatur von Yolanda Duschletta-
Dreher, Basel

Rudolf Robert Boehlen
«Der Meister des Todes»

«Flugfreuden über Basel»,
von Eugen Dietschi
Verlag der Sektion Basel
des Aero-Club der Schweiz,
Basel, 1953

«Curiositäten-Cabinet»,
  von Hans A. Jenny
  «Nebelspalter» Nr. 49/1987
«Flugtag Wil – Programm»
  vom 24. Juni 1934
«Mein erster Fallschirmabsprung»,
  von Rudolf R. Boehlen
  6seitige Privat-Broschüre,
  vervielfältigt, um 1930
«Die Geschichte der Schweizerischen
  Luftfahrt», von Erich Tilgenkamp
  Band III (Seiten 216/217)
  Aero-Verlag, Zürich, 1943
Materialsammlung Hans A. Jenny:
  Dossier Rudolf Robert Boehlen
  mit Unterlagen von Maja Gysin-
  Boehlen
«Vom Ballon zum Jet»,
  von Eugen Dietschi (Seiten 123/124)
  Pharos-Verlag, Basel, 1971

«'s Fotzeldorli»
Erstaunliche «alti Dante»

«Das andere Basel»,
  von Eugen A. Meier
  2. Auflage, EAM-Verlag, Basel, 1975

Johann Jakob Speiser
Der Gründervater

«Basler Handelsherren des 19. Jahr-
  hunderts», von Eduard His
  Verlag Benno Schwabe & Co.,
  Basel, 1929
«Wo ist was?» –
  Basler Staatskalender 1988:
  «Basler Porträts», von Hans A.
  Jenny: Johann Jakob Speiser
  (Seiten 211–213)
  Verlag Kirschgarten-Druckerei AG,
  Basel, 1988
«Die Bank in Basel»,
  Denkschrift von F. Mangold
  Herausgegeben von der
  Vorsteherschaft der Bank in Basel,
  Basel, 1909
«Schweizer Pioniere der Wirtschaft
  und Technik»:
  Band 18: Vier Basler Pioniere
  Johann Jakob Speiser,
  von Hans Bauer (Seiten 103–130)
  Verlag des Vereins für Wirtschafts-
  historische Studien, Zürich, 1967
«Basler Biographien», Zweiter Band:
  «Bankdirektor Johann Jakob Speiser»,
  von F. Mangold (Seiten 135–320)
  Verlag Benno Schwabe & Co.,
  Basel, 1904
«Geschichte der Schweizer Banken» –
  Bankier-Persönlichkeiten aus fünf
  Jahrhunderten:
  «Bank- und Finanzplatz Basel»,
  von Hans Bauer (Seiten 139–174)
  Verlag und Buchclub Ex Libris,
  Zürich, 1987
«Hans Jakob und Heiri oder
  die beiden Seidenweber»,
  von Jeremias Gotthelf
  Verlag Gute Schriften, Bern, 1946

Anna Maurer-Syfrig
«'s Zyttigsanni»

«Das andere Basel»,
  von Eugen A. Meier, 2. Auflage,
  EAM-Verlag, Basel, 1975
«Baseldytsch»-Kolumne von
  «Glopfgaischt» (Robert B. Christ)
  in der «National-Zeitung», um 1960

Doktor Adam David
«Adi, der Afrikaner»

«Jagden und Abenteuer in den Gebieten
  des oberen Nil», von Adam David
  Verlag Friedrich Reinhardt AG,
  Basel, 1916
«Doktor David erzählt»,
  von Adam David
  Verlag Friedrich Reinhardt AG,
  Basel, 1941
«Vor Doktor David bekamen selbst
  Elefanten weiche Knie»,
  von Joachim Ahrens
  «Basler Zeitung»
  Nr. 190 vom 15. August 1984
«Baslerisches-Allzubaslerisches»,
  von Hans A. Jenny:
  Kapitel «Basel im Busch» (Seite 178)
  2., erweiterte Auflage, Pharos-Verlag
  Hansrudolf Schwabe AG,
  Basel, 1968
Persönliche Informationen von
  Professor Dr. Werner Gallusser

Ruedi Walter
«E Ma mit Härz, e Ma mit Pfiff»

«Ruedi Walter»,
  von Ernst Reinhardt
  Friedrich Reinhardt Verlag,
  Basel, 1984

«Jahresspiegel der Schweizer
  Prominenz» 1987
  Verlag Hallwag, Bern
Persönliche Mitteilungen bei früheren
  Interviews
«Theaterbesucher sollen auch lachen
  dürfen ...»
  Bericht von Peter Tschanz im
  Magazin der «Coop-Zeitung», 1985
«Cornichon – Erinnerungen an ein
  Cabaret», von Elsie Attenhofer
  (Seite 311) Benteli Verlag, Bern, 1975

Theophil Gubler
  Sportler und Sparer

«Lebenserinnerungen» – unveröffentlichtes Schreibmaschinenmanuskript
  von 103 Seiten
  (Sammlung Hans A. Jenny, Tecknau)
Persönliche Mitteilungen
  von Elisabeth Gubler (†)

William Burkhard
  Nobelpreis-«Kandidat»

«Weltall, Sprache, Physik»,
  von William Burkhard (490 Seiten)
  Erschienen im Eigenverlag,
  Basel, ohne Datum
«Die Geheimnisse des Weltalls»,
  von William Burkhard (91 Seiten)
  Erschienen im Eigenverlag,
  Zürich, 1939
«Baslerstab»
  Nr. 70 vom 19. September 1986
«Baslerstab»
  Nr. 210 vom 8. September 1988
«Baslerstab»
  Nr. 68 vom 9. September 1988
«Doppelstab» vom 6. Oktober 1988
«Basler Zeitung»
  vom 2. November 1992
Dokumenten-Sammlung Hans A. Jenny
  über William Burkhard:
  Die Kollektion von rund 100 mit
  seinem vollen Namen gezeichneten
  vervielfältigten Publikationen und
  «offenen Briefen» William Burkhards umfasst die Jahre zwischen
  1967 und 1990. Inbegriffen sind
  auch seine «Todesurteile» gegen all
  jene Personen, die seinen physikalischen und religiösen Theorien nicht
  zustimmten.

Josef Emter
  Der Mann mit den steinernen
  Muskeln

«Doppelstab», Nr. 55 vom 19. Juli 1966
«Basler Anekdoten»,
  von Hans A. Jenny
  Friedrich Reinhardt Verlag,
  Basel, 1990
Information Kontrollbüro Basel-Stadt
  vom 10. August 1992

Wibrandis Rosenblatt
  Eine Frau und vier Männer

«Die beglückende Gefährtin»,
  von Johannes Ninck
  Verlag Gustav Schloessmann,
  Leipzig, 1936
«Martin Bucer», von Martin Greschat
  Verlag C.H. Beck, München, 1990
«Bis dass der Tod sie scheidet»,
  von Markus Kutter
  «3 – Die Wochenzeitung für das
  Dreiland» vom 19. September 1991
«Das Wibrandis-Haus Basel
  als Service-Haus-Modell»
  «Basellandschaftliche Zeitung»
  vom 18. April 1996
«Das Buch der Basler Reformation»,
  von Ernst Staehelin
  Verlag Helbing & Lichtenhahn,
  Basel, 1929
«Die Reformation in Basel»,
  von Paul Roth
  1. Teil: Die Vorbereitungsjahre
  (1525–1528)
  114. Neujahrsblatt der GGG, 1936
«Basilea Sepulta Retecta»,
  per Joannem Toniolam
  Verlag Druckerei Emanuel König
  und Söhne, Basel, 1661
«Frau Wibrandis», von Ernst Staehelin
  Gotthelf-Verlag,
  Bern und Leipzig, ca. 1931
Informationen von Johannes und Irma
  Wenk-Madoery, Riehen
«Frauen der Reformationszeit am
  Oberrhein», von Maria Heinsius:
  Wibrandis Rosenblatt, (ab Seite 67)
  Hans Thoma Verlag, Karlsruhe, 1964

Wilhelm Basel
  Auch ein Basler Original

«Wadersloh», von Friedrich Helmert
  Verlag Regensberg, Münster, 1963

«Doppelstab»
  Nr. 66 vom 15. August 1969

Alfred Rasser
  HD-Soldat Läppli und die Politik

«Alfred Rasser»,
  von Franz Rueb (unter Verwendung
  von Rassers Tagebüchern)
  Verlagsgenossenschaft, Zürich, 1975
«Rasser – 30 Jahre Cabaret»,
  von Alfred Rasser,
  Vorwort von Ulrich Becher
  Benteli Verlag, Bern, 1967
«HD-Soldat Läppli»,
  von Alfred Rasser (Textheft)
  Volksverlag, Elgg/ZH, undatiert
Programmheft zu
  «25 Jahre HD-Soldat Läppli», 1970
Programmheft zur neuen «Läppli»-
  Tournee mit Roland Rasser, 1991
«Das Basler Stadttheater 1834–1934»,
  von Fritz Weiss
  Herausgegeben vom Theaterverein
  im Verlag Benno Schwabe & Co.,
  Basel, 1934
«Alexander Moissi», von Vangjel Moisi
  Verlag «8 Nentori», Tirana, 1980

Füsilier Eberer
  und seine beiden Gesichter

Sammlung von Dokumenten und
  Illustrationen über den Zweiten
  Weltkrieg in Basel (Hans A. Jenny)

Christian Friedrich Schönbein
  Der Ozon-Bestimmer

«Basler Gelehrte des 19. Jahrhunderts»,
  von Eduard His: Christian Friedrich
  Schönbein (Seiten 86–94)
  Verlag Benno Schwabe & Co.,
  Basel, 1941
«Basler Nachrichten»
  Nr. 209 vom 3. September 1868,
  Nr. 210 vom 4. September 1868,
  Nr. 211 vom 5. September 1868
«Ciba-Blätter», Hauszeitschrift
  der Ciba Aktiengesellschaft, Basel,
  21. Jahrgang, Nr. 192,
  Juli/August 1964
«Was nicht in den Annalen steht»,
  von Josef Hausen
  Verlag Chemie,
  Weinheim/Bergstrasse, 1958

«Das Jahrhundert des Walzers»,
  1. Band, von Max Schönherr und
  Karl Reinöl
  Verlag Universal Edition, London,
  1954
Dossier Johann Strauss Sohn
  (Sammlung Hans A. Jenny)
Information Johannes Wenk, Riehen
«Das Museum an der Augustinergasse
  in Basel und seine Porträtgalerie»,
  von Paul Leonhard Ganz
  Verlag der Historischen und
  Antiquarischen Gesellschaft,
  Basel, 1979

Schwester Stella
  Ein Kloster für die Solo-Nonne

«Basler Bebbi»
  vom 18. Juli 1990
Flugblätter und Briefkopien von
  Schwester Stella

Wilhelm Wackernagel
  Von Scherz zu Scherz

«Basler Gelehrte des 19. Jahrhunderts»,
  von Eduard His,
  Verlag Benno Schwabe & Co.,
  Basel, 1941
«Wilhelm Wackernagel:
  Jugendjahre 1806–1833»,
  von Rudolf Wackernagel,
  Verlag Detloff, Basel, 1885
«Tausend Jahre Literatur in Basel»,
  von Hans Werthmüller
  Birkhäuser Verlag, Basel, 1980
«Das geistige Deutschland im Bildnis»,
  von Paul Ortwin Rave
  Verlag des Druckhauses Tempelhof,
  Berlin, 1949
«Heisst ein Haus zum Schweizerdegen»,
  von Emanuel Stickelberger, Band 2
  Verlag Otto Walter, Olten, 1939
«Der Bär von Berlin», Jahrbuch des
  Vereins für die Geschichte Berlins,
  9. Folge: «Wilhelm Wackernagel»,
  von Konrad Kettig (Seiten 7–27)
  Arani Verlags-Gesellschaft mbH,
  Berlin-Grunewald, 1959
«Geschichte der Stadt Basel»,
  von Paul Burckhardt
  Verlag Helbing & Lichtenhahn,
  Basel, 1957

Ausserdem im Friedrich Reinhardt Verlag

Hans A. Jenny

Basler Anekdoten

160 Seiten mit
vielen Abbildungen
Pappband 48.–

   Ein in Text und Bild faszinierendes Panoptikum prominenter und skurriler, liebenswürdiger und origineller Persönlichkeiten formt sich zur witzig-ironischen Basler Revue von anno dazumal. Monarchen, Fürsten, Grafen, Professoren, Pfarrherren, Maler und Poeten, aber auch Sänger, Komödianten, Kutscher, Taxifahrer und Trämler paradieren auf der Hintertreppe der Stadtgeschichte. Schöne und hoffärtige Baslerinnen locken bei «Amor auf Schleichwegen». Als traditionsreiche Anekdotenlieferanten erweisen sich die Herren Bernoulli, Brömmel, Bumm, Burckhardt, Wackernagel, Weingartner, Wieland und Konsorten.